JN442851

토끼 사육 백과

서 경 덕

선 진 문 화 사

머리말

본인이 토끼와 첫 인연을 맺은 것은 1974년 고려대학교 축산학과 대학원 석사논문의 주제로 "육성토끼의 식염요구량에 관한 연구"을 위해 실험을 했을 때이었다.

그리고 1978년 연암축산전문학교 축산과 교수로 부임하면서 다시 한 번 토끼와 인연을 맺게 되었다. 그 때 학교에는 학생 실습용으로 50평 정도의 토사에 약 2백마리의 토끼가 사육되고 있었다. 그러나 중요한 가축이 아니기 때문에 교장 이하 교직원들이 별로 신경을 쓰지 않고 있었으며, 따라서 토끼의 생산성이나 경제성도 없었다. 그 때 토끼장에는 적은 두수에 다양한 품종이 사육되고 있었으며, 근친번식으로 생산성이 좋지 않았다. 그래서 우선 일차적으로 종토 갱신을 위해 뉴질랜드화이트와 캘리포니안 두 품종을 선택하고 국립종축장에서 종토를 배정받았다. 그리고 대학 정문 바로 앞 밍크사육농장인 "내외산업"이 문을 닫으면서 이를 학교가 인수하여 밍크의 빈 축사와 케이지가 생기게 되고 이를 이용하여 토사를 꾸미고 토끼를 이전하여 본격적인 생산활동에 들어갔다.

1980년에 들어서 국내에 단모종 토끼인 "렉스"의 사육 붐이 일어났다. 실습농장 모피가축과에서는 모피가 우수한 렉스를 사육하기로 하고 양토조합을 통하여 소개를 받아 개인 농장에서 종토를 분양받아 키우게 되었다. 그 때 모피는 가공하여 판매를 할 수 있었으나 고기 처리가 문제가 되어 포장마차 식품재료로 공급하는 사람을 만나 처리하였던 일도 있었다.

1980년 중반에 국립보건원 실험동물센터와 연결되어 본격적으로 실험용 토끼를 생산하여 공급하게 됨으로써 지금까지 고기와 모피를 생산하는 체제에서 실험용 토끼를 생산하는 체제로 전환되면서 항생제가 첨가된 사료 공급을 중단하기 위해 일차적으로 축사 환경문제인 환기와 분뇨 처리의 자동화 그리고 신선한 물의 공급을 위해 수평식 급수형태를 도입하였다. 또한 이유 후 한 케이지 내에 다두 사육방식에서 1~2두의 소량 사육체계로 전환하여 질병 발생과 외관상 어미토끼의 손상을 예방하였다.

2000년대에 들어오면서 일반토끼의 실험용 동물에로의 사용에 한계가 오면서 대학의 실험토끼 생산에서도 새로운 방안을 모색하게 되었다. 본인은 일반토끼에서 SPF 토끼 생산체계로 전환할 것을 계획하고, 교육부와 농림부의 농업기술센터로부터 받은 연구비로 "SPF 토끼 생산체계 구축" 연구를 시작하였다. 또한 대학 재단의 SPF 토끼 생산 시설의 건축비 지원으로 SPF 토끼 생산시설의 완공과 연구과제 수행에서 얻어진 사육관리 방법의 습득으로 SPF 토끼의 생산과 관리에는 자신이 있었으나, 막상 혈통이 확실한 어미토끼의 안정적인 두수 확보에는 시간이 많이 소요가 되며, 또한 비용도 많이 소요될 것으로 판단되어, 우리보다 일찍 SPF 토끼를 생산한 일본 업체인 KBL과 협약을 체결하여 안정되게 종토를 공급 받기로 하였다.

이상은 본인이 30년간 토끼와 인연을 맺으면서 지나 온 사실들을 간략하게 정리하여 본 것이다. 지금도 한국양토양록조합 사외이사를 맡으면서 토끼와 연을 맺고 있다.

지금 우리나라는 WTO와 FTA체결로 한국 축산의 설자리가 점차 좁아지고 있어 그 대책이 절실히 요구되고 있는 때이다. 이런 시기에 축종의 다양화와 품질의 고급화로 정책전환이 필요한 때이다. 또한 국민의 노령화 속도가 세계에서 가장 빠른 우리나라로서 노인의 사중고(四重苦) 중 하나인 활동할 일자리를 만드는 차원에서 토끼 사육을 권장하고, 국민의 단백질 공급원으로 토끼 고기의 소비를 촉진하고 이를 위한 유통체계 구축을 국가 차원에서 힘 쓸 시기가 되었다고 생각한다.

본서가 우리나라 토끼 사육 붐 조성에 작은 밑거름이 될 수 있다면 더 없는 영광으로 생각하며, 동시에 한국 양토산업의 경제성 향상에 도움이 되었으면 하는 작은 바램을 소망한다.

끝으로 본 도서가 출간될 수 있도록 격려와 도움을 주신 모든 분들께 감사드리며, 전문도서가 잘 판매가 되지 않는데도 불구하고 책 출판을 결정해주신 선진문화사 양희돌 사장님께 진심으로 감사의 마음을 전하며, 그리고 향상 본인 옆에서 말없이 내조를 하고있는 아내와 함께 이 영광을 같이 할 수 있게되어 정말 감사합니다.

2008년 11월 서 경 덕

차 례

제1장 서 론

제 2 장 품종의 선택과 구입

제 3 장 개 량

제 4 장 해부생리

제 5 장 번 식

제 6 장 영양 및 요구량

제 7 장 토끼 사료

제 8 장 관　　리

제 9 장 실험용 SPF 토끼의 작출

제 10 장 토사와 그 부속시설

제 11 장 질병의 예방 및 치료

제 12 장 도축 및 모피가공

제 13 장 토끼고기와 요리

제 1 장 서 론

제 1 절 토끼의 기원과 가축화

Nachtsheim의 저서 “야생동물에서 가축으로(Vom Wildtier zum Haustier)”에서 야생토끼류 혹은 선조동물은 초기 제 3기층 시대에 유럽에는 보이지 않았고, 아메리카 대륙과 아시아 대륙에 나타나고 있다. 아마도 제 3기의 초기 이후에 아시아에서 유럽으로 이동한 것일 것이다. 신세기 말기부터 빙하시대의 초기에 걸쳐서 그들이 넓게 유럽에 분포해 있은 것은 명확하다. 그들의 유물이 프랑스 벨기에 독일에서 발견되고 있다. 빙하시대에 산토끼는 남 유럽에서 서남 유럽을 걸쳐서 북아프리카의 서부지역으로 펴져나갔다.

Xenophon과 Aristotle의 저술을 포함해서 기원전 4세기까지의 그리스, 로마의 문헌에 나오는 토끼는 주로 야생토끼에 관한 이야기이다. 기원전 2세기에 이르러 그리스의 역사가 Polybios가 코르시카로부터 온 다른 야생동물 중에 집토끼를 발견하고 Cuniculi라고 명명했다. Cuniculi는 로마인들의 도시국가가 포위공격을 받고 있든 때 그들이 파놓은 지하도나 갱도를 가리키는 말이다. 그런데 갱도라고 하는 말이 있은 후에 Cuniculi라고 했는지 토끼굴에 유래해서 Cuniculi라고 했는지는 아직 명확하지 않다.

기원 1세기에 로마의 저술가 Varro는 스페인이 집토끼의 원산지이며, 집토끼를 포식자인 야생동물로부터 보호하기위해 벽으로 둘러싸인 정원에 사육하며, 동시에 은신할 장소를 주기 위해 수목이 무성하게 하는 것을 권장하였다. 어떤 사람은 이것을 집토끼 순치의 시작이라고 하지만 이 때의 집토끼는 극히 야생적인 동물이었다. 여하튼 산토끼와는 대조적으로 집토끼는 에워싸인 지역 내에 사육되어 쉽게 잡아서 식육용으로 도살되었다.

로마의 박물학자 Pliny도 역시 집토끼의 원산지를 스페인이라 하고 서기 1세기

사이에 Balearic 섬에는 임신모토로부터 빼낸 태아를 내장을 빼내지 않은채 요리하면 특별한 맛이 있다고 기술하고 있다.

많은 지역에서 집토끼가 급격히 번식해서 결국은 작물재배지를 황폐하게 할 위험시기까지 이르렀다. 결국 Balearic 섬의 주민들이 Aucustus 황제에게 토끼의 구제를 요청하는 사태에 도달하였으며, 집토끼를 굴로부터 추방해서 수렵하기 위해 수렵용 주둥이 페렛(muzzled ferrets)이 사용되었다.

중세기 대항해 시대에 범선주들은 항해 중 식량을 확보하기 위해 각각 항로에 해당하는 섬들에 토끼를 풀어 놓았다. 최상의 환경과 포식자가 없는 곳에서 토끼는 기하급수적으로 불어나서 그것에 의한 이익보다는 피해가 더 많아서, 고대 Balearic 섬 주민의 경험을 한 번 더 반복하게 되었다. Darwin의 인용에 의하면 Porto Santo의 작은 섬에서 집토끼가 1418년 도입된 이래, 극히 짧은 시간에 집토끼는 이 섬을 완전히 덮었으며, 또한 이들이 서로 교잡되어 새로운 종으로 진화하는 데는 많은 기간이 걸리지 않았다.

중국에서는 유럽과는 별개로 이 지역의 산토끼를 사람들이 포획하여 사육하는 동안 가축화된 것이라고 Darwin은 지적하고 있다.

衣川(1946)에 의하면 시경에 "토끼가 뛰어서 굴로 들어간다"는 글귀가 있다면서 이 때 토끼가 나오는데 이것으로 미루어보아 중국에서도 굴토끼가 가축화된 듯하며 그 시기가 기원전 10~7세기경이라 짐작된다. 진나라(BC 2세기)시대에 토모가 모필의 재료로 이용된 기록이 있으며, 본초강목에는 토끼를 식용으로 제공했다고 했으며, 한비자는 조나라 왕이 정원에서 기르던 호랑이에게 줄 먹이를 공급하기 위해 토끼를 길렀다고 기록했다. 이와 같이 중국에서는 약 2500년전부터 토끼가 사육된 것으로 보여진다. 즉 토끼는 서양이나 동양이나 거의 같은 시기에 가축화된 것으로 추정된다.

로마인들이 산토끼와는 대조적으로 집토끼를 토원(兎園)에서 용이하게 번식하는 것을 알았을 때 집토끼의 가축화가 실제로 시작되었다는 것으로 보면 될 것 같다. 이들 토원은 그 규모의 대소에 따라 여러 용도를 가졌다. 우리들이 알고 있는 것으로는 영국의 엘리자베스 여왕은 하나의 토원을 가지고 있었고, 프랑스 왕 헨리 4세는 수렵용 대규모 집토끼 정원을 가지고 있었다. 수렵으로서는 극히 손 쉽고 비교적 안전한 것이기 때문에 토끼수렵은 그당시 부인들 사이에서 스포츠로 큰 사랑을 받았다.

로마제국이 몰락 후 오랜 세기에 걸쳐서 토원은 유지되었지만, 그간 집토끼의 도망이 간혹 일어나 이것이 온 세계에 집토끼를 분포시킨 계기로 되었다.

제 2 절 세계의 양토현황

토끼는 유럽에서는 2000년 전부터 그리고 아시아에서는 2500년 전부터 사육되었다는 기록이 있다.

프랑스의 승려원에서 수도승들이 토끼를 마당에서 기르면서 고기와 모피를 얻었으며 그 이용가치가 인정되면서부터 일반에게도 확산되어 사육되게 되었고 점차 중부유럽을 거쳐 전유럽에 전파되어 나갔다. 15~16세기에 와서는 토끼가 귀한 가축으로 인정되면서 크게 각광을 받게 되었으며 여러 가지 새로운 품종도 육종되었고 그 수가 증가되면서 전세계로 전파되었다.

영국에는 14세기초 대륙에서 들어갔으며 당시 토끼고기는 진미로 여겨져 고가로 판매되었으며 토끼의 털가죽은 귀족계급층의 전용품이 되다 시피하여 양토업이 큰 인기업종이 되기도 했다. 그러다가 영국의 산업혁명(17세기)이 일어나 양토산업은 다른 축산업인 낙농, 육우, 양돈, 양계, 목양 등에 비해 생산성이 떨어질 뿐만 아니라 대규모 사육이 어려워 토끼는 토육 및 토모피 생산형태에서 점차 애완동물로 변해 갔다.

2006년도 토육생산은 단지 23,000톤이며, 더욱이 5,000톤이 중국, 헝가리 그리고 폴란드에서 수입되고 있다.

미국의 토끼사육은 1900년에 들어와서 시작되었다. 최초의 영리적 사육은 남부 캘리포니아에서 사육되었지만 식육자원으로서 취급된 것은 제 2차 세계대전 사이였다. 미국에서는 토끼는 아주 다양한 목적으로 사육되고 있다. 즉 애완동물용, 모피용, 실험용, 서커스 쇼용, 식육용이다.

미국인은 연간 3,600톤에서 4,500톤을 소비하고 있으며, 20만호의 생산농가에서 해마다 8 백만 두 이상이 사육되어지고, 식육으로 도살되어진다.

일본에는 예부터 토끼에 대한 전설이 많이 있었으나 고유의 집토끼에 대한 이야기는 아니었으며, 현재의 가축인 집토끼가 들어 온 것은 1870년 중국의 남지나에서 수입되어 일본 내 귀족들의 애완동물로서 사육된 것이 처음이다. 그 후 경제소득을 얻기 위한 축산업인 양토업으로 토끼가 사육되기 시작한 것은 지금부터 100년전 서양에서 집토끼 품종을 수입하여 사육한 후의 일이다. 양토업이 본격적으로 산업으로서 발전하게 된 것은 일본이 청일전쟁, 러일전쟁 등 큰 전쟁을 치르면서 군인들의 방한용 의류와 육류 수요가 급증함에 따라 토모피와 토육의 공급목적으로 일본정부의 정책적 장려가 이루어진 이후의 일이다.

토끼고기는 유럽인의 주요 식품이며, 생산의 중심지가 이탈리아 등 유럽이었으나 현재 중국의 생산량이 급증하여 2005년 50만톤을 생산하는 세계 최대 생산국이며 다음으로 베네주엘라 276.5천톤, 이태리 225천톤, 프랑스 87천톤, 이집트 77.3천톤, 스페인 75.5천톤, 체코 40.4천톤, 독일 34.2천톤, 우크라이나 13.5천톤, 러시아 8.5천톤이다. 토끼고기 소비는 전세계적으로 증가하고 있으며, 유럽은 약간 감소하고, 중국 중심의 아시아 소비는 급증하고 있다. 세계 최대 토끼고기 소비국인 중국은 488.1천톤, 베네주엘라 276.6천톤, 이태리 220.4천톤, 스페인 103.9천톤, 프랑스 80.1천톤, 이집트 77.2천톤, 체코 41.2천톤, 독일 39.4천톤, 우크라이나 13.2천톤, 러시아 11.5천톤이다.

제 3 절 우리나라 양토현황

1. 광복 이전의 양토

우리나라에서 처음 토끼가 기록에 나온 것은 김부식(1145년)이 편찬한 삼국사기의 김유신전에 있는 삼국시대부터 전해오는 별주부전이며 이 이야기 중에 나오는 토끼는 의인화된 산토끼로서 집토끼에 대한 이야기는 아니다.

우리나라에서 집토끼가 가축으로 사육되기 시작한 것은 지금부터 약 100년전 인 1900년 초 일본으로부터 집토끼를 수입하여 사육하기 시작한 이후의 일이다. 수입된 초에는 이 동물의 생김새가 작고 피모가 부드러우며 귀엽게 생겼을 뿐만 아니라 성질이 온순하여 기르기 쉬워 애완동물로서 농가와 학교에서 어린이들이 사육하게 되었다. 또한 고기 맛도 좋으며 그 모피는 보온성이 좋아 농가에서 손쉬운 고기획

득과 방한용 재료를 얻기 위한 수단으로 1~2두씩 길러지는 극히 소규모 사육형태였다. 그 후 일본에서 새로 여러 품종의 종토를 수입하였는데 이 때 수입된 토끼의 품종은 일본 백색종, 뉴질랜드화이트종, 친칠라종, 벨지움종, 렉스 및 앙고라종이었다.

이와 같이 우리나라에서의 양토는 처음에는 어린이들의 애완동물로 또는 농가에서 고기와 털가죽을 팔아 얻는 소득을 위해 기르던 극히 소규모 양토형태였을 뿐 산업성이 있는 축산업 형태는 아니었다.

이와 같은 부업적 형태의 양토업이 오랜 기간 이어져 오면서 사육농가수와 사육두수를 점차 늘려왔다. 그러다가 일본제국통치하인 1930년대에 이르러 중일전쟁이 일어나고 이어 제 2 차 세계대전을 치르는 동안 일본 군인이 중국동북부의 만주와 북지나와 같은 혹한지방에 주둔하게 되자 그들의 방한용으로 토모피가 필요하게 되면서 토모피의 수요를 충당하기 위해 일본정부가 정책적으로 우리나라 농가에 토끼사육을 장려하게 된 것을 계기로 양토업이 발달하게 되었다. 이로써 토끼의 사육농가수와 사육두수가 크게 증가해 갔다.

이 때 장려된 토끼 품종은 모피의 가죽면적이 넓고 털이 밀생되어 보온력이 좋은 동시에 고기맛도 좋고 고기생산량이 많은 대형종인 모피육 겸용종이 주종을 이루었다. 즉 뉴질랜드 화이트, 일본백색종, 프레미쉬자이안트 등의 백색종계통이 장려되었다. 이 때 비로소 우리나라 양토업은 취미수준의 양토가 부업이긴 하지만 산업적 형태를 갖춘 농가소득목적의 축산양토로 바뀌게 되었다. 토끼사육농가가 늘면서 토끼사육두수가 크게 증가하였으며 1941년 남북한 합하여 총 192,631두까지 증식되었다. 해방 전해인 1944년에는 38,820두로 통계상 크게 감소되었다.

2. 광복 이후부터 현재까지의 양토

1945년 우리나라가 일제로부터 해방됨에 따라 지금까지의 억압에서의 해방된 자유는 환희의 축제의 향연에 빠져 일시적으로 사회기강이 문란해졌다. 이때를 틈타 많은 가축이 무차별 도살되었으며, 특히 소가축인 토끼가 가장 많은 피해를 입게 되었다. 그 결과 1945년 당시 전국(남한)의 토끼의 사육두수는 18,403두로 그 전해의 38,820두의 반으로 감소되었다. 그러다가 사회가 안정되고 질서가 잡혀감에 따라 토끼사육도 다시 증가하기 시작하여 1949년에는 한 때 134,900두까지 증식되었으며 6.25동란으로 토끼 수는 다시 급감하였다.

1950년 6.25동란이 일어나 전 국토가 전쟁터화 되는 바람에 토끼를 기를 수 없는 형편이 되자. 또 다시 토끼는 먼저 수난을 당해 도살되었으며 그 수가 극도로 감소되어 1951년에는 겨우 68,200두만이 남게 되었다. 1953년 휴전되고 농가가 피난에서 수복하여 안정됨에 따라 소자본으로 누구나 기를 수 있는 손쉬운 토끼의 사육이 다시 시작하게 되었다. 정부, 학교, 종교단체, 민간 등에서 토끼사육을 적극 장려한 탓으로 토끼 수는 다시 증가하게 되었다. 정부와 민간에서는 미국, 일본 등지에서 여러 품종의 종토를 수입하여 국립종축장, 각도 종축장, 민간 종축장에서 종토를 생산하여 농가에 분양보급하고 장려하여 증식시켰으므로 그 수는 급속히 증가하여 1955년에는 290,599두까지 늘었으며 1962년에는 1,324,803두까지 크게 증식되었다. 1960년대에 들어 토끼사육수가 급격히 증가한 것은 앙고라 토끼털의 수요가 급격히 증대하여 그 수요에 부응하기 위해 앙고라 종 토끼사육이 매우 유행했기 때문이다.

1960년 이후 세계적으로 경기가 호전되고 국민소득이 늘어남에 따라 생활수준이 향상되어 의생활이 고급화되어서 지금까지의 면직물의류 또는 화학섬유의 의류에서 앙고라 털 스웨터 같은 고급 동물성 모직물을 선호하게 되었다. 특히 앙고라 토끼털 섬유혼방제품의 의류가 크게 유행하게 되었으며 캐나다, 일본, 미국, 북유럽에서 그 수요가 급증하여 각국에서 저마다 많은 양의 토모제품을 수입하였다. 우리나라에서도 많은 양의 앙고라 털 모직물을 그들 지역에 수출하게 되었다. 동시에 우리나라 안에서도 국민소득이 크게 늘어 의식주생활이 향상되어 유럽의 의류유행을 본 받아 앙고라 털 의류제품의 수요가 크게 증가하였다.

이와 같이 앙고라 토끼털의 수요가 증가함에 따라 1961년 전국 앙고라토끼의 사육두수가 12,451두였던 것이 1967년에는 그 17배인 203,479두로 급증했으며, 토끼 총 사육두수 833,298두의 25%에 이르기까지 되었다.

앙고라 사육두수가 급증함에 따라 사육규모가 커져 대규모 사육형태로 바뀌어 갔으며 토끼 사육상도 목재에서 철제 케이지로 바뀌어 공장에서 대량생산할 수 있게 되었으며, 사료도 토끼전용 펠렛사료로 개선되어 지금까지의 자가 생산으로 조달하던 사양방식의 애로에서 벗어나 사양관리방식이 편리하게 개량되었다. 이렇게 양토산업이 현대화되고 기계화됨에 따라 본격적인 경영형태를 갖춘 양토산업이 이루어졌다. 이때가 우리나라 양토업의 전성기였다고 할 수 있다.

1970년 후반에 들어 전 세계는 앙고라 털 의류의 유행이 사그라지기 시작하면서 우리나라의 토끼털 가공의류 수출이 감소되고 토끼털 수요가 급격히 줄면서 토모 가격이 하락하게 되었다. 이로 인해 앙고라토끼의 사육 열이 식어 그 사육두수가 급감하여 1971년에는 앙고라토끼 사육의 최성기였던 1967년 203,479두의 10분 1인 20,740두로 감소되었다. 따라서 총 토끼사육두수도 감소하여 1962년에 1,324,803두였던 토끼가 1971년에는 3분의 1인 363,583두까지 감소하였다.

그 후 양토업은 한동안 침체상태로 있던 중 1975년 박정희 대통령이 호주, 뉴질랜드를 순방한 후 초식가축을 장려하라는 지시를 내림에 따라 정부에서는 앙고라토끼가 아닌 육용종토끼 사육방향으로 정책전환을 했다. 이것을 계기로 토끼사육 열은 다시 일기 시작하였으며 정부와 민간에서는 일본, 프랑스 등지에서 육용종토끼의 종토를 수입하여 증식 보급하였으므로 토끼의 사육두수는 다시 증가하게 되었다. 1971년의 363,583두에서 1978년에는 약 3배인 1,042,308두로 급증했다. 사육규모도 앙고라 토끼사육 붐이 사라진 후 소규모 부업형태로 축소되었던 것이 500~1,000두 이상의 대규모 사육농가가 늘고 심지어 3,000~5,000두의 대규모의 전업양토경영을 하는 양토장도 생기는 등 양토는 근대화된 전업양토형태로 바뀌어 갔다.

양토가 토모생산에서 토육생산으로 바뀌면서 부산물로 토모피 가공사업이 발달하게 되었다. 우리나라 토모피 가공기술은 세계가 인증하는 높은 수준이어서 우리나라에서 생산된 토모피 가공제품은 미국, 캐나다, 유럽 등 외국에서 주문이 쇄도하여 많은 양의 제품을 수출했다. 한 때는 국내에서 생산되는 토모피 원피의 수집량은 약 10만장으로는 국제 토모피 가공제품의 수요량을 충당할 수 없는 실정이었으며, 원피를 프랑스에서 수입하여 우리나라에서 보세가공하여 프랑스 또는 유럽 각국에 역수출하기까지 했다. 삼정통상, 삼오통상, 쏘피아피혁 등이 주로 수출하였는데 당시 토모피수출입을 보면 원피수입이 1965년 0.7M/T 총 109,000매를 가공하여 수출하였다. 1966년에는 원피를 0.9M/T를 수입하여 가공제품은 188,000매 수출하였으며, 1969년은 19M/T 수입에 174,000매 수출하였고 1976년에는 3328M/T 수입에 수출은 무려 7,095,000매로 금액으로는 1,500백만불로 우리나라

무역증대에 큰 몫을 하기도 했다.

최근 토끼 사육의 흐름은 표 1-1에서 보는 바와 같이 1980년대 초반에는 모피와 털의 수요 급증으로 인하여 앙고라 사육이 붐을 이루다 값싼 중국산 모피와 털의 수입으로 앙고라 사육의 침체기를 맞이하게 되었다. 뿐만 아니라 양토업은 1986년부터 불황이 시작되어 지금까지 계속되어지고 있으며, 불황을 극복하기가 어려울 것으로 생각된다. 그 까닭은 가격이 저렴한 중국산 모피와 털의 수입으로 많은 국내 민간 양토장은 규모의 영세성과 경영수지의 악화로 사육을 기피하고 있기 때문이다. 이와 같은 앙고라 양토업계의 지속적인 불황으로 1990년 이후부터는 앙고라 종의 혈통유지도 극히 어려운 실정이다.

이러한 이유로 1984년부터 1989까지는 번식능력과 발육성적이 모두 양호한 모피 육 겸용종 품종을 각 국으로부터 수입하게 되었다. 그러나 수입종 역시 사육년수가 경과함에 따라 능력이 저하되는 문제점이 대두되었다. 이에 대한 대책으로 번식률, 사료효율 및 환경 적응성이 높은 품종인 뉴질랜드 화이트와 캘리포니안 종이 전국에 보급되기 시작하였다. 그 동안 국가 연구기관인 축산 기술연구소 종축개량부(전 국립 종축원)에서 뉴질랜드 화이트와 캘리포니안 종을 사육하여 그 후대축의 확대생산과 보급에 힘써, 2개 품종의 혈통을 유지 보전하며 자체 개량에 힘써서 우량 자토를 생산함과 동시에 철저한 심사와 선발과정을 통해 합격축은 종토로 혈통을 등록하여 표 1-2에서와 같이 양토농가에 분양하였다. 1976년부터 1993년까지 총 분양두수는 23,807두였으며, 1993년을 마지막으로 종토 분양사업을 종결하고 1994년부터는 민간 종토사업만이 남게 되었다.

현재 사육되고 있는 품종은 모용종의 경제성 저하로 모피육 겸용종인 뉴질랜드 화이트와 캘리포니안이 주된 사육 품종을 이루고 있으며, 연간 토끼 배합사료 생산

표 1-1. 토끼 사육 가구수 및 마리수 (단위 : 두)

연 도	1990	1995	2000	2001	2002	2003	2004	2005	2006
사육호수	13,721	10,315	16,667	17,181	14,298	11,693	10,043	9,165	8,054
사육두수	155,989	217,685	436,194	416,042	362,262	376,217	319,511	331,262	302,364
호당평균 사육두수	11.4	21.1	26.2	24.2	25.3	32.2	31.8	36.1	37.5

표 1-2. 종토 생산 및 배부 (단위 : 두)

연 도	1976-1985	1987	1988	1989	1990	1991	1992	1993	1994	1995	총 계
생 산	35,528	3,979	3,659	3,425	3,425	3,376	3,617	3,493	1,096	56	62,006
배 부	14,341	1,796	1,796	1,209	1,488	885	1,049	891	333	-	23,807

자료 : 축산기술연구소 종축개량부

규모는 표 1-3에서 보는 바와 같이 1997년 총 사료생산은 5,711M/T이었으며, 2007년에는 9,457톤으로 약 배 정도 증가하였으나 이것은 사육두수의 증가보다는 사육자들이 자가배합사료에서 점차로 전용사료로 전환한 결과이다.

표 1-3. 토끼 배합사료 생산실적 (단위 : M/T)

연 도	1997	2003	2004	2005	2006	2007	2008
계	5,711	11,764	8,935	10,797	10,565	9,457	

자료 : 한국사료협회

지역별 사육 현황을 살펴보면 2005년말로 경기도가 1,111호에서 103,520두, 경북이 2,076호에서 38,949두, 충남이 1,710호에서 37,431두, 전북이 2,057호에서 34,258두, 전남에서 2,113호에서 33,156두, 충북이 1,596호에서 24,649두, 경남이 1,099호에서 12,703두, 강원이 742호에서 11,666두를 제주도는 28호에서 3,716두를 사육하고 있다.

표 1-4. 2005년도 지역별 토끼 사육현황

지 역	광역시	경기도	경북	충남	전북	전남	충북
사육호수	569	1,111	2,076	1,710	2,057	2,113	1,596
사육두수	12,263	103,520	38,949	37,431	34,258	33,156	24,649

3. 한국양토조합의 연혁 및 현황

1) 연 혁

한국 양토 사육자들의 모임의 역사는 아래 정리된 바와 같이 1957년 사단법인 한국양토협회가 창립되었다. 협회는 1961년에 해산되고 동년에 한국양토조합이 창립되었다. 2002년 한국양록조합과 합병하여 현재 한국양토양록조합으로 운영되고 있다.

1957. 03. 05 사단법인 한국양토협회 창립
1961. 11. 10 위 협회 해산
1961. 11. 25 한국양토조합 창립
1961. 12. 26 농림부 장관인가(농정 제 4655호)
초대 조합장 김기윤 취임
1976. 02. 27 제 2대 조합장 조성국 취임
1978. 08. 22 조합장 직무대행 박성해
1980. 01. 16 제 3대 조합장 조성국 재취임
1981. 07. 10 위 조합장 사임 직무대행 최정하
1981. 09. 21 제 4대 조합장 김병덕 취임
1981. 12. 29 축협중앙회 회원조합 가입
1983. 03. 20 조합장 직무대행 차영환
1983. 04. 15 제 5대 조합장 추상봉 취임
1984. 07. 26 조합장 직무대행 박태희
1984. 08. 08 조합장 직무대행 손연규
1984. 08. 29 제 6대 조합장 박태희 취임
1986. 05. 08 조합장 직무대행 문재원
1987. 03. 02 조합장 직무대행 이득성
1988. 01. 01 제 7대 조합장 박주식 취임
1989. 07. 27 본점 상호금융업무 개시
1991. 08. 20 본점이전 및 중랑지점 개점
1993. 01. 01 제 8대 조합장 김광철 취임
1997. 01. 01 제 9대 조합장 김광철 연임

1994. 11. 08 본점이전 (강동구 길동 400번지)
1995. 12. 19 미아중앙지점 개점
1996. 08. 30 화곡남지점 개점
2000. 07. 01 농협으로 통합
2001. 07. 07 제10대 조합장 한규성 취임
2002. 12. 26 한국양록축협과 합병(한국양토양록축협 출범)
2005. 02. 04 제11대 한규성 조합장 연임

2) 조직현황

(2008년 3월)

구분	임직원 현황					사무소현황			조합원		
	조합장	감사	이사	정규직원	비정규직	본점	지소	기타	수	대의원	작목반
인원	1	2	8	43	20	1	3	1	795	50	15
계	63					5					

제 4 절 양토의 특성

1. 생리적 특성

① 초식동물이며, 자기의 분을 먹는 습성을 갖고 있다.
② 체구에 비해 큰 위(지름 8cm)와 맹장(길이 48cm)을 가지고 있다.
③ 눈은 크고 반원 이상을 볼 수 있어, 두 눈으로 여러 방향을 볼 수 있고, 귀는 매우 예민하여 작은 소리에 서고 위험한 곳을 찾기 위해 앞 뒤로 움직인다.
④ 토순을 형성하여 앞니가 입밖으로 나와 있다.
⑤ 설치동물로 이빨이 계속 자라므로 물건을 깨물고 씹는 버릇이 있다.
⑥ 코는 아주 예민하며 냄새를 맡기위해 매분당 20~120회 정도로 계속 벌룩인다.
⑦ 교미자극에 의해 배란이 되는 교미배란 동물이다.
⑧ 임신이 되지 않으면 항상 발정이 있어 언제든지 교배를 시킬 수 있다.
⑨ 소리를 평소에 내지 않으나 심한 고통과 수컷이 교미를 끝낼 때 기성을 지른다.

⑩ 수토끼가 발정시 뒷 발로 바닥을 친다.
⑪ 동족외 다른 동물에는 반항하지 않는 무저항주의이다.
⑫ 겁이 많은 동물이지만 자신과 새끼를 보호하기 위해 용감하게 싸운다.
⑬ 뒷발은 네 발가락을 갖고 있으며 잘 발달되어 있고, 앞발은 다섯 발가락을 갖고 있고 짧다. 따라서 경사진 곳을 내려 올 때에는 부자유스럽다.

제 5 절 토끼의 산업적 중요성

1. 식육으로서의 중요성

유엔 식량농업기구(FAO)는 "소, 돼지를 대체할 미래의 주요 영양공급원으로 토끼를 지목하고 있으며, 토끼를 사육하는데 넓은 공간이 필요하지 않고 사육비용이 적게들며 무엇보다도 폭발적인 번식력을 갖고 있어, 토끼가 식량난을 겪고 있는 국가 등의 영양공급 문제를 해결할 수 있는 이상적인 가축이 될 것이라고 평가했다. 또한 보고서는 토끼는 암컷 한 마리가 연간 최고 40마리의 새끼를 낳는 반면, 양은 1.4마리, 소는 0.8마리를 낳는 데 불과하다고 지적했다.

산육능력을 연간 모축의 체중대비로 비교해 보면 토끼가 산육성이 가축 중에서 가장 좋은 돼지와 거의 비슷하게 모체 체중의 12배의 능력을 갖고 있다.

또한 토끼고기의 특징으로 돼지고기나 닭고기에 비해 단백질이 많고 지방이 낮으며 특히 포화지방산의 함량이 낮다. 그리고 콜레스테롤과 식염의 양이 적다. 따라서 심장병, 당뇨병 환자, 수술 후 환자 건강 회복, 저염을 요구하는 환자 등의 특

표 1-5. 가토육과 다른 육류와의 비교

종 류	수 분	단백질	지 방	회 분	100g당열량
집토끼	72.14%	23.43%	3.29%	1.44%	120Cal
산토끼	74.01	16.83	7.80	0.93	142
쇠고기	74.83	21.49	2.72	1.10	113
돼지고기	70.96	21.57	6.90	0.93	153
닭고기	73.73	20.95	5.00	1.21	132
양고기	75.17	16.35	7.98	1.19	141

수식에 적합하다.

2. 피복자원으로서 중요성

1) 토모피의 장점

① 토끼털은 보온력에 있어 솜을 1로 치면, 양모는 1.44, 토모는 1.905이다.
② 토끼털은 속이 비어서 비교적 가볍다.
③ 토끼털은 양모보다는 그 표면이 미끈한 편이고 가늘기 때문에 촉감이 좋다.
④ 토끼털로 짠 천은 세탁하여도 줄어들지 않는다.
⑤ 어디서나 값싸게 대량 생산할 수 있다.

2) 토모피의 단점

① 토끼털은 그 표면이 미끈하여 짠 천으로부터 빠지기 쉽다.
② 토끼털은 탄력에 있어 양모만 못하다.
③ 토끼털은 그 구조상 엉겨 붙는 성질이 부족하여 토모사를 만들기가 어렵다.

3. 비료자원으로서의 중요성

토끼 분은 비료성분인 질소, 인산, 칼리의 성분이 적절하게 포함되어 비료의 가치가 높다.

표 1-6. 각 가축별 분뇨의 비료 성분

가축별	비료 성분	질 소	인 산	칼 리
토 끼	분	1.65%	0.92%	0.95%
	뇨	1.92	4.07	2.16
소	분	0.29	0.17	0.10
	뇨	0.60	흔적	흔적
돼 지	분	0.60	0.41	0.26
	뇨	0.30	0.13	0.76
닭	분	1.63	1.53	0.85
오 리	분	1.00	1.40	0.63

토끼의 분과 오줌의 1일 배설량은 각각 30g, 100g으로 연간 구비 생산량은 100~120kg이다.

4. 실험동물로서의 중요성

① 실험용으로 뉴질랜드화이트종은 피부가 부드럽고 매끈하기 때문에 피부반응, 후레미시 자이안트 종은 체구가 대형이고 귀가 크기 때문에 항혈청 제조용, 다치종은 체구가 적고 사육관리가 용이하기 때문에 각종 진단용, 친칠라종은 성홍열 독소에 민감하게 반응하기 때문에 이에 관한 연구와 검정용에 각각 적합하다고 알려져 있다. 또한 털이 긴 앙고라 종은 Island skin이 없기 때문에 피부시험에 유용하다고 알려져 있다.

② 성질이 매우 온순하여 실험시 취급이 쉽다.

③ 귀 혈관이 잘 발달하여 약물 투여, 체혈이 용이하고 반복해서 사용할 수 있다.

④ 조직 및 혈액을 비교적 대량으로 모을 수 있다.

⑤ 교미배란 동물이기 때문에 배란시각 그 후 발생과정을 정확하게 파악할 수 있다.

⑥ 약물투여에 의한 최기형 시험이나 발열시험 등의 검정용 동물로서 적합하다.

표 1-7. 국내에 주로 많이 사용되는 실험동동물 명과 용도

실험동물	용 도	비 고
마우스	종양, 미생물관계의 영구와 생물검정	SPF, Conventional
랫 드	종양, 내분비, 약리	SPF, Conventional
토 끼	약리, 미생물, 면역학	Conventional, SPF
기니아피그	약리, 미생물, 면역학	Conventional, SPF
개	순환기, 신경생리학	Conventional
고양이	생리, 신경생리학, 약리학	Conventional

현재 토끼를 실험동물로 사용하고 있는 곳은 주가 제약회사이며 그외 연구소, 병원, 대학 등이다.

2007년 실험용으로 사용되는 토끼의 수는 7개 비임상기관과 산학연 37개 기관에서 월 약 25,000 여두로 연간 30,000두이며 주로 일반토끼(conventional rabbit)가 사용되며, SPF 토끼의 수요는 월 380두 연간 4,562두인 것으로 추정되어진다.

항혈청 제품생산은 Harlan Bioproducts for Science, Inc에서 Rabbit Anti-Mouse EGF Antiserum(Whole Antiserum, Purified, Affinity Purified)과 Rabbit Anti-Mouse2.5SNGF Antiserum(IgG Fraction, Purified, Affinity Purified)를 생산하고 있으며, 그외 혈청을 생산하는 회사들이 있다.

5. 애완동물로서의 중요성

토끼 품종 중 신체적인 특징이 있는 품종은 애완동물로서 가치가 있다. 즉 왜소한 체구를 가진 품종, 털색과 털 길이에 특징이 있는 품종, 신체적인 특징(늘어진 귀)이 있는 품종 등이다.

① 성질이 온순하고 사람을 해치지 않는다.
② 짖지 않으므로 가정 실내에서 사육하더라도 시끄럽지 않다.
③ 분뇨량이 적고 냄새가 적어 실내에 사육하더라도 불쾌하지 않다.
④ 체구가 작아 장소를 많이 차지하지 않는다.
⑤ 사료 채식량이 적어 사육하는 데 비용이 많이 들지 않는다.
⑥ 훈련을 시키면 분뇨를 정해진 자리에 배설한다.

토끼의 결점으로는 털이 잘 빠진다는 것이다. 따라서 애완동물로 키울 때에는 자주 빗질을 해주어야 한다.

제 6 절 토끼관련 잡학

1. 토끼의 상징성

우리 조상들은 토끼가 주는 순결함과 평화로움 때문에 일찍이 토끼를 이상향에 사는 동물로 만들어 놓았다. 옛 사람들은 달을 늘 이상향으로 그렸고, 그 이상향에는 계수나무와 함께 토끼가 방아를 찧고 있다고 했다.

우리의 전통 민속화에서 해(日)는 곧잘 발이 셋 달린 까마귀로 표현되고, 달(月)은 토끼로 표현된다. 토끼는 달 없이는 못 산다. 그래서 암토끼는 수컷이 없어도 달과 교합하여 새끼를 낳는다고 했다. 토끼가 어두운 밤 달나라에서 방아찧을 수 있는 것은 눈이 그만큼 밝기 때문이다. 그래서 토끼눈을 명시(明視)라고 하였다.

토끼는 묘(卯)인데 음력으로는 2월, 시간으로는 오전 5시부터 7시 사이를 가리킨다. 음력 2월은 농사가 시작되는 달이고, 묘시는 농부들이 논밭으로 나가는 시간이니 토끼는 성장과 풍요를 상징하게 된 것이다.

상묘일(上卯日)은 토끼날이다. 이날을 특히 톳날구기라고 하여 남의 여자가 자기 집에 와서 오줌누면 좋지 않다 하여 여자들은 바깥 나들이를 삼가했으며, 아침에 남자가 대문을 열어야 일년내내 집안이 편안하다고 했다. 토끼날 실을 짜거나 옷을 지으면 무병장수한다고 하였다.

토끼는 깨끗하고 귀여운 이미지로 인해 특히 공예품에 많이 그려지고 새겨졌다. 국보 제95호 청자칠보투각향로의 받침도 토끼상이고, 연적으로도 토끼상을 많이 쓰고 있다.

토끼꿈은 두 가지고 해몽된다. 토끼는 앞발이 짧아서 오르막을 잘 올라간다. 그래서 토끼꿈은 승진을 의미한다. 그러나 토끼의 입은 윗입술이 세로로 찢어져 있어서 태몽으로 꾸면 언청이 자식을 낳는다고 했다. 악몽을 꾸었을 때는 소금을 대문간에 집어넣거나 문밖에다 세 번 뿌린다.

2. 토끼(卯)에 관련된 속담

속담 속에 나타나는 토끼의 이미지는 사냥의 대상, 겁 많고 약한 동물, 꾀 많고 영리한 동물, 재빠르고 성격이 급한 동물 등으로 나타난다.

① 눈 온 산의 양달 토끼는 굶어죽어도 응달 토끼는 산다.

이유는 간단하고 분명합니다. 바라보는 곳이 다르기 때문입니다.

양달 토끼는 허구한 날 볕 따뜻한 굴속에서 맞은 편 골짜기를 바라보는데, 양달쪽에서 바라보는 맞은편은 대개가 응달쪽입니다. 반대로 응달쪽에 사는 토끼는 그늘진 굴속에 살며 늘 상 반대편인 양달쪽을 바라보게 되지요.

그렇게 바라보는 곳이 다르니까 생각하는 것도 달라집니다.

양달 토끼는 아직 눈이 안 녹은 응달을 바라보며 아직 겨울이 끝나지 않았다고 생각하여 밖으로 나올 생각을 하지 않습니다.

반대로 응달 토끼는 양달쪽을 바라보다 어느새 눈이 다 녹은 것을 보고는 얼른 밖으로 나와 먹이를 구합니다.

어디에 사느냐 하는 것보다는 무엇을 바라보며 사느냐 하는 것이 더 중요한 것임을 일러주는 재미있는 이야기입니다.

겨울 산의 양달 토끼와 응달 토끼 이야기와는 다르게 많은 사람들은 내가 지금 무엇을 바라보느냐 하는 것보다는 내가 지금 어디에 있느냐를 더 중요하게 생각합니다.

② 가는 토끼 잡으려다 잡은 토끼 놓친다.

분에 넘치는 욕심을 내다가는 도리어 손해를 보게 된다는 뜻

③ 바다에 가서 토끼 찾는다.

목표설정을 잘못하고 엉뚱한 곳에서 헛일만 했다는 뜻

④ 토끼 덫에 여우가 걸린다.

작다고 깔보다가 실수를 하게 된다는 뜻. 적은 밑천으로 큰 이득을 얻게 됐다는 뜻

⑤ 토끼를 다 잡으면 사냥개도 잡아먹는다(토사구팽, 兎死狗烹).

사람을 쓰다가 이용가치가 없게 되면 내쫓게 된다는 뜻

⑥ 토끼 사냥에 호랑이 가죽 쓴 여우가 날뛴다.

앙심을 가졌거나 야심을 가진 사람이 앞장서서 일을 방해한다는 뜻

⑦ 범 없는 산에서 토끼가 왕노릇한다(범 없는 골에 토끼가 스승이다).

주인이 없어지면 다른 사람이 대신 주인노릇을 하게 된다는 뜻

⑧ 토끼 꼬리만 하다.

토끼 꼬리처럼 짧은 물체의 길이를 비유하는 말

⑨ 교활한 토끼는 굴이 셋이다.

꾀 많은 토끼가 굴 셋을 연결시켜서 비상시에 이용하듯 무슨 일을 하든지 비상대책을 세워 안전하게 해야 한다는 뜻

⑩ 토끼가 용궁을 가도 살길은 있다.

토끼가 거북에 속아서 바닷 속 용궁에 잡혀갔어도 꾀를 내어 살아났듯이 궁지에 빠진 사람도 실망만 하지 말고 다른 길을 찾으면 이뤄질 수 있다는 뜻

⑪ 성질 급한 토끼가 먼저 죽는다.

무슨 일이나 성급하게 하면 실패하게 된다는 뜻

⑫ 토끼는 잠자다 잡힌다.

잠이 많으면 실패하는 일이 있다는 뜻

⑬ 토끼의 뿔이고 거북의 털이다.

있을 수 없는 일이라는 뜻. 남들이 믿지 않을 소리를 고집한다는 뜻

⑭ 닫는 사슴 보고 얻은 토끼를 잃는다(奔獐顧 放獲兎).

지나치게 욕심을 부리다가 도리어 손해를 봄을 비유하는 속담으로 '달아나는 노루 보고 얻은 토끼를 놓쳤다' 라고도 합니다.

⑮ 산토끼를 잡으려다가 집토끼를 놓친다(토끼 둘을 잡으려다가 하나도 못 잡는다).

지나치게 욕심을 부리다가 이미 차지한 것까지 잃어버리게 됨을 의미합니다.

⑯ 사냥꾼은 개로 토끼를 잡지만 아첨자는 칭찬으로 우둔한 자를 사냥한다.

-소크라테스

⑰ 눈 먹는 토끼, 얼음 먹는 토끼 다 각각

사람은 자기가 살아온 경험에 따라 성격 · 관습 · 습성이 각각 다르다는 뜻입니다. 영어로는 Live and let live라고 합니다. 이 속담은 "다른 사람들에 대해 인내심을 갖고 그들 나름대로의 삶을 살아가도록 관여하지 말라"는 뜻으로 쓰입니다.

⑱ 수주대토(守株待兎)

그루터기를 지켜 토끼를 기다린다. 고지식하고 융통성이 없이 구습에 젖어 어리석게 요행을 바람

⑲ 견토지쟁(犬兎之爭)

쫓고 쫓기던 개와 토끼가 모두 다 지쳐 죽어 제삼자(올곧은 정치인)가 이익을 보게 한다.

⑳ 범도 제굴에 들어온 토끼는 안 잡아먹는다.

㉑ 노루 잡는 사람이 토끼가 보이나

㉒ 토끼가 제 방귀에 놀란다.

3. 토끼와 달에 얽힌 이야기

① 부처님의 한 배고픈 제자에게 토끼는 자기 몸을 희생하여 음식을 제공한 공덕의 보답으로 부처님이 토끼를 달에 살게하였다는 이야기

② 배고프고, 지친 제석천왕(Indra, 비와 우뢰를 지배하는 신)에게 아무런 음식을 제공할 수 없는 토끼가 불로 뛰어 들어가 자신의 몸을 바친 은혜의 보답으로 제석천왕은 토끼를 달에 살도록 하였다는 이야기

③ 별주부전에서 바다의 용왕을 치료하게 해준 토끼가 달로 갔다는 이야기

4. 부활절과 토끼

부활절(Easter)은 태양의 축제가 아니고 달의 축제로 그 이름은 달의 여신인 Saxon Eostre에서 유래되었으며, 이 여신은 시간을 측정하는 여신이었다. 그래서 부활절은 계절의 시작인 춘분 후 첫 만월 후 일요일로 정하였다. 따라서 부활절에는 달로 간 토끼의 이야기에서 보듯이 달에서 살고 있는 토끼가 부활절 토끼(Easter Bunny 또는 Hare)로 등장한다.

5. 세계 최고령 14세 토끼, 기네스북 등재 [팝뉴스 2005-03-10 18:11]

14년을 산 애완용 토끼가 기네스북에 '세계 최장수 토끼'로 이름을 올려 화제에 올랐다.

9일 미국 WBIR 방송의 보도에 따르면, 화제의 주인공은 네덜란드에 사는 '스니플'이라는 이름의 드워프종 애완용 토끼.

당근과 같은 야채 대신에 감자 튀김을 제일 좋아한다는 스니플은 14살의 고령(?)임에도 불구하고 아직까지 깡충 깡충 뛰면서 건강을 자랑한다고 언론은 전했다. 하지만 관절염을 앓고 있어 소량의 약을 먹고 있다고 스니플의 주인인 카렌 밀스 여인은 밝혔다.

일반적으로 토끼는 4~12년의 수명을 지닌 것으로 알려졌는데, 14년 이상을 생존한 토끼는 지금까지 발견되지 않았다는 것이 전문가들의 분석.

스니플을 기르고 있는 가족들은 화제의 토끼가 분홍색 털을 가지고 있으면 돈을

벌 수 있겠지만, 스니플은 검은색 털의 평범한 토끼에 불과하다며 아쉬움을 표현해 눈길을 끌었다.

제 2 장 품종의 선택과 구입

제 1 절 토끼의 동물학상 위치와 산토끼

지구상에 토끼가 사육된 흔적을 발견하기는 어렵다. 토끼의 뼈가 소형이고 또한 부셔지기 쉽기 때문에 고고학적 발굴 때에 나타나지 않는다. 자료에 의하면 야토류 혹은 그들의 선조동물이 초기 제 3기층에는 아메리카 대륙과 아시아 대륙에 나타나고 있었으며, 그 후 유럽으로 이동하여 신세기 말부터 빙하시대의 초기에는 넓게 유럽에 분포해 있었을 것으로 추정한다.

토끼의 가축화는 로마인들이 산토끼와는 달리 집토끼는 정원에서 용이하게 번식된다는 것을 알았을 때부터 실제로 시작되었다. 작은 울타리 속에서 번식시키면서 가축화하는 중에 여러 가지로 변화한 털색을 가진 집토끼가 만들어 지고, 털의 촉감, 길이 등 미세한 부분에 있어서도 다양한 변이가 나타났다. 1700년경에는 비야생쥐색(nonagouti), 갈색(brown), 흰색(albino), 담색(dilute), 황색(yellow), 은색(silver), 다치 점(dutch spotting) 등 7종의 돌연변이 형이 알려졌다.

귀의 길이는 상당히 크게 변화해서 야생시 약 7cm였던 귀는 품종에 따라서 여러 가지로 변화해 긴 것은 25cm 정도로 긴 품종도 생겼다.

체중에 있어서도 야생시에는 약 2kg였지만 많은 변화로 10kg이상인 독일 자이안트에서 1kg 미만인 미니(dwarf) 품종도 만들어 졌다.

토끼의 동물학상 위치는 척추동물문, 포유동물강, 유태반아강, 설치목, 중치아목, 토끼과 토끼속에 포함되며, 학명은 *Oryctolagus Cuniculus*이며, 일반적으로 영어로 집토끼는 House rabbit(Bunny), 산토끼는 Hare(학명 : *Lepus europaeus*, 유럽 산토끼)로 사용되며, 한자로는 우리나라에서 토(兎)로 사용한다.

집토끼와 산토끼의 차이점을 살펴보면

① 염색체수에서 집토끼는 44개, 산토끼는 48개이다.

② 갓 태어난 집토끼의 새끼는 피모가 없고 눈을 안 뜨고 있으나, 산토끼의 새끼는 출생시 피모가 있고 눈을 뜨고 있으며, 출생 후 몇 분 안에 달릴 수 있다.
③ 집토끼는 사철 털색이 변하지 않으나 산토끼는 겨울철에 흰색으로 변한다.
④ 집토끼는 계절에 관계없이 새끼를 낳으나, 산토끼는 봄에 한 번 새끼를 낳는다.

사진 2-1. 멧토끼(산토끼) – 토끼과(Leporidae)(충남 공주 금강자연휴양림 토끼사육장)

제 2 절 품 종

토끼는 사육의 목적에 따라 육용종, 모피육겸용종, 모용종, 애완용종으로 구별된다. 육용종(Meat breeds)이 갖추어야 할 특징은 빠른 성장, 좋은 도체 품질, 우수한 번식능력, 좋은 포육능력 등 이다.

대표적 품종으로는 뉴질랜드(New Zealand), 캘리포니안(Californian), 후레미시 자이안트(Fremish Giant), 채커드 자이안트(Checkerd Giant), 친칠라(Chinchilla), 롭(Lop) 등이 있다.

모피육겸용종(Dual Purpose breeds)이 갖추어야 할 특징은 털의 길이는 짧거나 중등이며 광택이 있고 강하며, 체중은 2~5kg으로 육용으로도 이용된다.

대표적 품종으로는 렉스(Rex), 새틴(Satin), 잉글리시 스팟(English Spot), 실버 마튼(Silver Marten) 등이다.

모용종(Wool breeds)이 갖추어야 할 특징은 섬세하고 긴 털을 가지고 있으며 상모(자모)의 길이가 5㎝이상으로 긴 품종이다.

대표적 품종으로는 앙고라(Angora: English, French, German)

애완용종(Fancy breeds)이 갖추어야 할 특징은 체중이 0.8~2kg으로 소형이고, 신체의 특징을 갖고 있는 것이다.

대표적 품종으로는 미니 롭(Mini Lop), 네덜란드 더워프(Netherland Dwarf), 폴리쉬(Polish), 히말라얀(Himalayan), 브리타니아 퍼티드(Britannia Petite), 더치(Dutch), 져지 울리(Jersey Wooly: Netherland Dwarf × Angora), 라이온 헤드(Lion Head)

1. 앙고라(Angora)

앙고라는 집토끼 중 가장 오래된 품종으로 원산지는 터어키 앙카라이다. 자르거나 뽑기로 제거될 수 있는 긴 털 위주로 육종되었다. 품종으로는 French, German, Giant, English, Satin, Chinese, Swiss, Finnish 앙고라가 있다.

"솜사탕인가 토끼인가? '챔프' 앙고라 토끼 화제 [팝뉴스 2006-01-23 15:38]"

커다란 털뭉치 혹은 솜사탕 모양을 한 앙고라 토끼가 해외 네티즌들 사이에서 큰 화제를 낳고 있다. 앙고라 토끼 사육 전문가인 베티 츄의 '털뭉치 앙고라 토끼' 들이 화제의 주인공. 츄는 지난 90년대 중반부터 미국 토끼사육협회(ARBA, American Rabbit Breeder Association)가 주최하는 토끼 경연 대회에서 많은 '챔피언 토끼' 들을 길러낸 앙고라 토끼 사육 전문가. 그녀는 자신의 인터넷 홈페이지를 통해 2005년 챔프를 비롯해 그동안 길러낸 많은 앙고라 토끼들의 모습을 선보이고 있는데, 많은 네티즌들이 놀라움과 찬사를 표하고 있다.

츄의 앙고라 토끼들은 동물이 아닌 털뭉치 같은 모습인데, 무성한 털에 덮인 채 작은 입과 코만 나온 토끼를 본 일부 네티즌들은 '외계 동물' 과 같은 모습이라며 감탄 했다.

또 츄는 자신의 앙고라 토끼털을 이용해 만든 모자, 애견용 의상 등 다양한 '토끼털 제품' 을 인터넷을 통해 판매 중에 있다.

토끼 품종사진

Americancheckeredgiant

Americanchinchilla

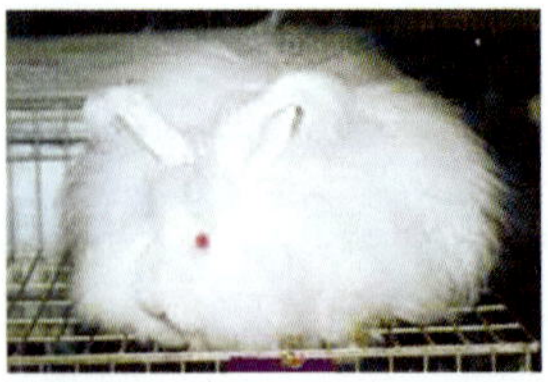

Angora

Argentchampagne

Belgianhare

Blackcashmerelop

Blacknetherlanddwarf

Britanniapetite

Californian

Dutch

Fawnhollandlop

Floridawhite

Fremish Giant

Frenchangora

Frenchlop

Havana

Himalayan

Hotot

Jerseywooly

Lilac

Lion head

Minirex

Newzealand White

Rex

Rhinelander

Sable

Sablesatin

Satin

Sealpointrex

Spot

털뭉치 앙고라 토끼들의 모습은 츄의 홈페이지(http://home.pacbell.net/bettychu/)를 통해 만날 수 있다. 최기윤 기자(저작권자 팝뉴스) 출처: 팝뉴스 - http://www.cultizen.co.kr

사진 2-2. 털뭉치 앙고라 토끼의 모습(사진출처 : bettychu)

2. 베버렌(Beveren)

이 품종은 모피용 토끼로 가장 오래되고 가장 큰 것 중 하나이다. 이 품종은 벨기에 안트워프(antwerp)에서 가까운 작은 마을에서 처음 육종되었다. 체중은 3.6kg이고 모색은 청색, 흰색, 검정색, 갈색 그리고 라일락색이다.

3. 브리타니아 퍼티트(Britannia Petite)

영국에서는 "Polish"로 알려져 있으며, 미국에서 이미 인정된 Polish라는 품종이 있었기 때문에 다시 이름을 정하였다.

체중은 1.1kg로 아주 작고, 모색은 검정색, 검정 수달색, 밤색, Sable Marten 색이 있다.

4. 캘리포니안(Californian)

이 품종은 1920년대에 친칠라, 히말리안 그리고 뉴질랜드 사이에 교잡을 통해서 만들어진 첫 토끼이다. 대표적인 육용토이다. 체중은 3.6~4.5kg이며, 모색은 흰색이고, 귀, 발, 꼬리는 검정 초콜릿, 청 또는 라일락색이다.

5. 체커드 자이안트(Checkered Giant)

이 품종은 독일에서 처음 육종된 것으로 알려져 있고, 아주 활동적이고, 검정 또는 청색의 점을 가진 토끼이다. 체중은 5kg 이상이고 모색은 검정색과 청색이다.

6. 친칠라(Chinchilla)

친칠라 토끼의 원산지는 프랑스이며, M.J. Dybowski에 의해 육종되었다. 1919년에 미국에 소개되었고, 육용으로 육종되어 미국 친칠라라 명명하였다.

1) Standard Chinchilla

모피생산하는 설치류인 친칠라와 모색이 유사하여 친칠라로 명명하였다. 체중은 2.3~3.4kg이다.

2) American Chinchilla

표준 친칠라에서 육종하여 만든 품종으로 체중은 수컷이 4.05~4.95kg이고, 암컷이 4.5~5.4kg이다.

3) Giant Chinchilla

이 품종은 미국에서 친칠라와 후레미시 자이안트 품종과 교잡에 의해 만들어졌다. 체중은 5.4~7.2kg이다.

7. 더 치(Dutch)

이 품종은 화란에서 처음 육종되어 1864년에 영국으로 가져갔다. 지금까지 아직 인기가 있다. 이 품종의 모색의 특징은 흰색의 띠가 얼굴 아래로 있으며, 앞발 주위와 뒷발의 끝에도 흰색이다. 나머지 부분은 다른 색이다.

8. 잉글리시 스팟(English Spot)

이 품종은 1880년대에 영국에서 육종되었다. 체중은 2.25~3.6kg이다.

9. 후레미시 자이안트(Flemish Giant)

체중이 5.9~6.3kg이며, 9kg 이상의 체중이 나가는 것도 나타난다. 모색은 검정색, 청색, 호박색, 밝은 회색, 모래색, 철회색, 흰색이 있다.

10. 독일 회색 자이안트(German Grey Giant)

독일인 Karl Szmolinsky 씨에 의해 육종되었다. 10.5kg의 "Robert"가 독일에서 가장 큰 토끼로서 상을 획득한 것이 2006년 세계의 뉴스가 되었다. 이에 따라 북한 정부는 국민의 식량공급을 위해 이 큰 토끼를 이용한 사육계획을 마련하였다. 그렇지만 Szmolinsky씨가 보낸 토끼는 김정일 국방위원장을 위한 생일연회의 음식으로 사용되었다고 한다.

11. 히말라얀(Himalayan)

이 품종은 히말라야산맥 주위의 아시아 국가에서 오래 동안 알려진 오래된 토끼이다. 다른 어떤 품종보다도 전 세계 널리 분포되어 있다. 체중은 1.1~2.0kg의 소형으로 애완동물로 적합하다. 모색은 백색의 모피에 코, 귀 그리고 발에 검은 점을 갖고 있다. 태어날 때는 모두 흰색이나 나이가 들어감에 따라 점이 나타난다.

사진 2-3. 독일 회색 자이안트(사진출처 : 야후 뉴스)

12. 져지 울리(Jersey Wooly)

1.35kg 체중의 미니 토끼이다. 둥근 머리와 털이 잘 자란 짧은 귀를 갖고 있다. 털의 이상적인 길이는 5.6cm이며, 앙고라 토끼의 털 관리보다는 편하다.

13. 라이온 헤드(Lion Head)

가장 최근에 육종된 집토끼이다. 원산지는 벨기에이다. 얼굴 주위에 긴 털을 갖고 있어 마치 숫 사자와 비슷하다 해서 그 이름이 붙여졌다. 체중은 1.1~1.6kg 사이이다.

14. 롭(Lop)

집토끼 중 가장 오래된 것으로 늘어진 귀가 특징적이다. French lop, Holland lop, Dwarf lop, English lop, Velveteen lop, Mini lop의 6종이 있다.

French lop은 English lop과 미확인 품종과 교잡을 통해서 생산된 것으로 알려졌다.

Holland lop의 귀는 종 모양으로 짧고 볼 아래로 1인치 이상 길지 않다.

English lop는 다양한 모색을 갖고 있으며, 가장 보편적인 색은 그을은 옅은 황갈색이며 그 외 검정, 옅은 황갈색이다. 긴 귀로 가장 유명하며, 길이가 20인치 이상 자란다.

Velveteen은 미국에서 만들어진 새 품종으로 귀는 English lop와 유사하며, 털은 렉스와 유사하다.

Dwarf는 French lop와 Dwarf의 교잡에 의해 성립된 품종이다.

Mini lop(German lop)는 가장 작은 품종으로 체중은 1.4kg의 Holland lop와 비슷하고 Netherland Dwarf와 가까운 혈연관계이다.

15. 렉 스(Rex)

렉스토끼는 부드러운 벨벳의 털을 가진 품종으로 체구는 중간으로 3~4.5kg이다. 15가지의 품종이 있다. 렉스 털은 열성 돌연변이 유전의 결과로 상모의 길이가 짧아져서 하모의 길이와 같게 되어 모피 털은 아주 짧고 조밀하다.

16. 미니 렉스(Mini Rex)

표준형 렉스에서 애완용으로 만들어진 품종이다. 털은 렉스이고 적은 체구로 체중은 1.35~2.5kg이다.

17. 새 틴(Satin)

체중이 3.6~4.75kg으로 11 품종이 알려져 있다. 하바나의 새끼에서 유전적인 돌연변이가 발견되었으며, 새틴의 털은 아주 밝은 광채를 띤 상모가 특징을 갖고 있다. 상업용 형의 토끼로 정육률이 우수하고, 번식에 용이하고 우수한 모성애와 좋은 성장률을 갖고 있어 부업용 고기 생산에 적합한 품종이고 또한 그들이 갖고 있는 털의 아름다운 색으로 많은 아름다운 제품을 만들 수 있다.

18. 미니 새틴(Mini Satin)

Satin의 작은 형태로 6개월 이상의 체중이 1.3~2.25kg이다. 6개월 이내에 최고 1.8kg에 도달할 수 있다.

19. 네덜란드 더워프(Netherland Dwarf)

1950년 영국에서 소개되었으며, 체구가 가장 작은 품종이고, 귀여운 품종의 하나로 널리 알려져 있다.

모색은 짙은 흑색에서부터 표준색까지 다양하다. 암토끼는 수토끼보다 더 조용한 모성의 본능을 갖고 있으며, 수토끼는 신경질적이고 공격적이다. 그러나 모든 네덜란드 더워프는 자기 주인에게는 아주 유순해서 다루기 쉽기 때문에 애완동물로 아주 적합하다. 지금은 애완동물로서 가장 갖고 싶어 하는 품종 중의 하나이다.

암 수 모두 진짜 dwarfs(true dwarfs)가 교배될 때 그들의 유전적인 형태는 그들 자식의 일부는 치사 유전조합인 DwDw 유전될 것이 확인되었다. 이들 새끼는 3주까지 살기위해 투쟁하다가 그 후는 죽는다. 만약에 암수 모두 진짜 dwarfs가 교배되면 그 결과는 25% 치사(fatal), 25% 가짜(false), 50% 진짜가 될 것이다.

20. 뉴질랜드(New Zealand)

뉴질랜드 토끼의 모색은 흰색, 적색 그리고 검정색이다. 체중은 4~5.4kg이다. 육용, 모피, 쇼 그리고 실험동물로 이용될 수 있는 품종이다.

21. 팔로미노(Palomino)

모색은 황금(Golden)과 스라소니(Lynx)색이며, 체중은 4.05~4.5kg이다. 황금색 품종은 크림에서 흰색의 하모에 밝은 황금색의 상모를 갖고 있으며, Lynx 품종은 크림에서 흰색의 하모에 오렌지 베이지 중간색으로 혼합된 중간 진주회색의 상모를 갖고 있다.

22. 폴리시(Polish)

홀랜드에서 첫 육종된 것으로 약 1.35kg의 작은 토끼이다. 붉은 눈의 흰 모색(REW)이 일반적이고, 그 외 검정, 청, 초콜릿, 그리고 청색 눈의 흰모색(BEW)의 품종이 있다.

23. 시베리안(Siberian)

시베리안 토끼는 1930년경 영국에서 육종되었다. 체중은 2.25~3.15kg이며, 모피는 아주 매혹적이고 우아하다. 모색은 검정색, 청색, 갈색 또는 라일락색이다.

24. 실 버(Silver)

체중은 2.25~3.15kg으로 모색은 검정색, 갈색, 호박색이다. 이것은 구하기 힘든 귀한 품종이다.

25. 실버 마튼(Silver Marten)

체중이 2.7~4.3kg이고, 모색은 검정색, 청색, 세이블 그리고 초콜릿색이다. 길고 흰 털이 신체의 양편을 가로 지르는 두 줄이 있어야만 한다. 그리고 목줄기에 흰색의 3각형, 눈 주위의 흰색 원형, 배, 다리 안쪽, 꼬리 아래에 흰색이 있다.

26. 실버 폭스(Silver Fox)

체중은 4.05~5.4kg이고 모색은 검정과 청색이다. 이 품종의 털은 다른 토끼에 비해 더 거칠고 길이가 6.25cm로 길다. 그리고 꼬리에서 머리 쪽으로 쳤을 때 털이 곧게 선다. 상모는 흰색이다. 털의 길이와 거치름의 조합이 북극 은여우의 털과 비슷해서 그 이름이 실버폭스로 명명했다. 지구상에 2천 마리 이하로 귀한 품종이다.

27. 탠(Tan)

체중이 1.8~2.7kg이며, 좋은 전시 동물이다. 꼬리, 배, 볼 그리고 귀를 포함한 아래쪽은 밝은 오랜지색의 털이고, 나머지 부분은 검정색, 청색, 갈색 또는 라일락색이다.

28. 북극토끼

학명: Lepus arcticus (Ross, 1819)
영명: Arctic hare

[분류] 토끼과(Lagomorpha) 토끼속(Leporidae)에 딸린 초식성 포유동물. 눈토끼라고도 한다.

[형태] 몸길이 43~54cm, 몸무게 3.1~5.4kg. 멧토끼와 비슷하지만 몸이 크고 꼬리가 길다. 귓바퀴는 집토끼보다 짧아서 앞으로 접으면 겨우 주둥이 끝에 닿을 정도이다. 겨울에 털갈이를 하여 귓바퀴의 끝만 검은빛을 띤 갈색이고 온몸은 흰색이다(툰드라 지대에서는 청회색을 띤다). 여름에는 몸의 윗면은 회색을 띤 갈색이고, 몸의 아랫면에는 회색의 털이 촘촘하다. 앞다리와 뒷다리는 흰색이다. 북극권에 가까이 사는 북극토끼의 털색은 연중 흰색을 띤다. 앞다리의 발톱은 길어서 눈을 쉽

게 파고 먹이를 찾을 수 있다. 새끼는 회갈색을 띠며, 가만히 있으면 주위의 바위와 구분이 잘 되지 않는다.

[생태] 산악지대와 고산지대 모두에 서식하며, 여름에는 풀이 빨리 자라는 지역, 겨울에는 눈이 많이 쌓이지 않는 지역을 좋아한다. 다큰 눈토끼의 천적은 북극이리 정도뿐이지만, 어린 눈토끼의 천적으로는 참매, 흰올빼미, 북극여우, 담비 등이 있다. 갓난 새끼는 생후 3일이 되면 가만히 움직이지 않는 법을 본능적으로 배우며, 천적이 나타날 경우 꼼짝하지 않는다. 이때 새끼는 주위 환경과 어울려 눈에 띄지 않으므로 천적의 눈을 피할 수 있다.

[먹이] 북극토끼는 주로 나무 종류를 먹으며 이끼, 새싹, 과실, 나뭇잎, 해초, 나무껍질, 버드나무 가지와 풀뿌리를 먹는다. 인간이 놓은 덫에 걸린 고기를 먹기도 한다. 겨울에는 주로 버드나무를 먹는데 후각이 발달해서 눈속에 있는 버드나무의 냄새를 맡을 수 있다.

[번식] 북극토끼의 번식기는 4~5월이고, 5월말~7월에 2~8마리의 새끼를 낳는다(평균 5마리). 번식기의 수컷들은 서로 암컷을 차지하기 위해 깡충깡충 뛰면서 권투를 하듯이 서로 싸움을 한다. 암컷에 따라 1년에 두 번 번식하는 경우도 있다. 암컷은 땅위의 움푹 패인 곳, 바위틈이나 덤불아래에 마른풀, 이끼, 어미의 털 따위로 둥지를 짓고, 새끼를 낳는다. 새끼를 낳으면 수컷은 암컷을 떠난다. 새끼는 회갈색이며 태어나자마자 눈을 뜬다. 새끼는 생후 2~3주가 되면 젖을 먹을 때만 어미를 찾고 8~9주가 되면 독립한다. 여러 마리의 어미가 모여서 새끼들에게 젖을 먹이는데 20마리의 새끼들이 젖먹이 무리를 짓기도 한다. 10월경이 되면 어미의 크기만큼 자란다.

[습성] 북극에 가까울수록 연중 흰색을 띠는데, 200여 마리까지 무리를 지어 살기도 한다. 눈 속에 굴을 파고 살며 쉴 때는 털이 촘촘하게 난 뒷다리 위에 몸을 지탱하면서 웅크린 자세로 체온을 보호한다. 위험이 닥치면 뒷다리로 서서 위험을 살피며, 캥거루처럼 깡충깡충 뛰어서 도망간다. 최대 시속 64km까지 달릴 수 있다.

폭이 좁은 냇물은 헤엄쳐서 건너기도 한다. 야행성이며, 먹이를 먹을 때는 10~60마리가 무리를 짓는데, 북쪽으로 갈수록 무리를 짓는 수가 커져서 200마리의 무리를 짓기도 한다.

[분포] 북극권 : 캐나다에서 뉴파운드랜드에 이르는 툰드라 지대에 분포한다. 북극권의 섬들과 그린랜드에도 분포한다.

[기타] 북극토끼는 유전학적으로 유럽 멧토끼(*Lepus timidus*)와 유사하여 *Lepus timidus*의 아종으로 보는 견해도 있다.

제 3 절 품종 선택

사육의 목적에 따라 육용종, 모용종, 모피육겸용종, 애완용종, 실험동물용종의 품종을 선택하여야 한다. 그리고 품종 선택시 일반적으로 널리 사육되고 있는 품종을 선택하는 것이 여러 가지로 편리한 점이 많다.

고기생산용 품종으로는 뉴질랜드 화이트가 가장 일반적이며, 잡종강세 효과를 얻기 위해 두 품종을 교배하여 그 새끼를 비육용으로 사용한다 그 대표적인 품종으로는 캘리포니안 수컷과 뉴질랜드 화이트 암컷이다.

모피 및 털용은 털이 짧은 렉스와 털이 긴 앙고라가 있다. 또한 모색(coat colors)에도 검정색, 청색, 초콜릿색, 회색, 흰색, 담황색 그리고 점을 가진 것, 혼합색 등 다양하므로 선택시 다양한 색의 여러 가지를 선택하지 않는 것이 좋다.

가정에서 애완용 또는 육용으로 키울 때에는 품종 선택시 어려움이 없으며, 개인의 취향에 따라 색깔, 체구 등이 고려되겠으며, 특히 어린이를 위해서는 다양한 모색과 다양한 품종을 키우는 것이 어린이들의 흥미를 유발시킬 수 있다.

생물, 의학적 연구 목적으로 사육할 실험용 토끼는 일반적으로 뉴질랜드 화이트가 대표적 품종이며, 그 외 체구가 적은 더치 종이 이용된다.

제 4 절 종축 구입

사육 목적에 따라 품종이 결정되면 원하는 종토를 구입하여야 할 것이다. 종토 생산업자에 대한 정보는 양토 조합 등을 통해 얻을 수 있으며, 인터넷을 통해 토끼 판매하는 점포를 쉽게 찾을 수 있을 것이다. 그러나 토끼를 실제로 구입 시에는 주위에 토끼를 사육하고 있는 사육가와 전문가의 조언을 많이 구할 필요가 있다.

종토 구입시 종토장을 방문하여 토사의 위생조건 및 관리상항을 점검하고, 스나플스(snuffles) 혹은 다른 질병의 유무를 상세히 관찰한다.

그리고 여러 곳에서 종토를 구입시에는 서로 다른 곳에서 온 토끼를 합사하기 전에 검역을 실시한다.

종토 및 육용토 선택시 필요한 일반적인 주의사항은 첫째 품종의 특징을 갖추고 있으며, 둘째 혈통 기록이 명확하여 기록을 통해 정보를 얻을 수 있어야 한다. 셋째 발바닥이 건강하고, 정상적인 치아를 갖고 있고, 모질이 우수해야 한다. 넷째 귀 속과 눈 주위 그리고 항문주위의 청결과 동시에 다른 질병이 없어야 한다. 다섯째 암수 비율은 5:1 정도가 적당하다. 여섯째 종토는 생후 8개월 이상으로 품종별 성숙체중에 거의 도달한 개체를 선택할 것. 일곱째 암컷인 경우는 젖꼭지 수가 3쌍 이상인 개체를 선발한다. 여덟째 어린 새끼를 구입할 경우는 이유 후 1주일이 경과하고 정상적으로 발육한 개체를 선발한다.

토끼를 사육한 경험이 없는 처음 사육하는 사람은 처음 시작할 때 암컷 20두 정도의 적은 규모로 시작하여 경험을 쌓은 뒤 늘려가는 것이 요망된다.

최소 경제단위 규모로는 어미토끼(암컷) 200두이며, 전업으로 한 사람이 관리할 수 있는 두수는 어미토끼(암컷) 500두 정도이다.

제 3 장 개 량

제 1 절 유전의 기본원리

모든 생물은 유전이라는 신비한 현상에 의하여 생명의 영속성과 고유한 특성을 대대로 이어가고 있다. 이와 같은 현상은 기본적으로 어버이의 특성이 자손에게 전해짐을 뜻하기 때문에 자식은 곧 그 어버이를 닮기 마련이다. 그러나 같은 양친에서 태어난 자손이라 하더라도 그 들 사이에는 서로 다른 특징이 존재하는데, 이는 자식을 생산할 때 양친이 자손에게 물려주는 유전적 특성이 똑같지 않기 때문이다. 즉 어버이가 자손에게 물려주는 유전적 특성은 아비의 정자와 어미의 난자에 의하여 결정되며, 아비로부터 생산되는 수많은 정자가 각각 독립적으로 서로 다른 유전물질을 지니고 있듯이 어미로부터 생산되는 난자 또한 서로 다른 유전물질을 갖고 있기 때문에 어떤 정자와 어떤 난자가 만나 수정 되느냐에 따라 자손의 유전적 특성이 결정되는 것이다. 이와 같이 정자와 난자의 결합은 우연성에 의해 이루어지기 때문에 같은 양친으로부터 태어난 자손들 간에도 조금씩이라도 서로 틀린 차이를 나타내는데, 이러한 차이를 변이(variation)라 한다.

변이는 혈연관계가 가까울수록 작고 멀수록 큰 경향을 보인다. 또한 변이는 양친으로부터 물려받은 유전물질의 조합 이외에도 출생 전 또는 출생 후의 환경효과의 차이에 의해 생길 수도 있으며 유전과 환경의 상호작용에 따라 변이의 크기가 달라질 수도 있다. 종, 품종, 계통 등에 따라 서로 뚜렷이 구분되는 특성은 주로 유전변이(genetic variation)에 기인하며, 환경조건에 따라 생기는 변이를 환경변이(environmental variation)라 한다.

토끼의 모색(毛色)처럼 외모상의 특징이 서로 뚜렷이 구분되고, 그 사이의 계급이 없거나 일정한 형질을 질적형질(qualitative characteristics)이라 하고, 어떤 모색의 색도, 몸의 크기, 수태율, 항병성 등 처럼 양극 사이의 변이 계급이 연속적인 형질을 양적형질(quantitative characteristics)이라 한다. 양적형질은 대개의 경우 질적형질보다 훨씬 복잡한 유전양식을 나타낸다. 그러나 때에 따라서는 양적형질과 질적형질의 영역을 정확히 구분하기 어려운 경우도 있을 수 있다.

육종에 관심이 되는 형질의 유전자 조합을 유전자형(genotype)이라 하며, 관찰된 특성을 표현형(phenotype)이라 한다. 어떤 개체의 종축으로서의 가치를 결정하는 것은 유전자형이지만 직접 유전자형을 식별할 수 없기 때문에 유전자형은 표현형에 근거하여 판단한다.

1. 유전의 기초

동물의 조직과 기관은 수 많은 세포로 구성되어 있으며, 개개의 세포는 그 중앙에 유전물질을 담고 있는 핵과 그 주위를 감싸고 있는 세포질로 되어 있다. 세포의 증식은 세포분열을 통하여 이루어진다. 세포분열의 어느 단계에 세포핵 속에는 실 모양의 염색체가 나타나는데, 분열전의 모세포와 분열 후 2개의 낭세포의 염색체 수 및 그 모양은 항상 일정하다. 따라서 동물의 종류에 따라 체세포 내에 들어 있는 염색체 수와 모양은 일정하게 유지되기 마련이다. 그러나 성숙한 개체가 생산하는 성세포는 분열과정을 통하여 모세포로부터 낭세포로 전달되는 염색체 수가 반감되기 때문에 감수분열(reduction division)이라 부른다. 우리는 성세포에 들어 있는 염색체 수가 종류별로 하나씩 포함하므로 반수체(haploid:n)라 하고, 체세포는 2배체(diploid:2n)라 한다.

각 낭세포는 각 쌍으로부터 염색체를 하나씩 받지만 양친 중 어느 한쪽의 염색체만을 모두 받기는 어렵다. 2배체의 염색체 수가 6개일 경우 성세포를 생성 할 때에 8종류의 염색체 조합을 형성하며, 이들의 조합은 완전히 무작위로 이루어진다. 염색체의 쌍수가 많을수록 성세포의 염색체 조합 종류는 증가하여 염색체 쌍수가 n개일 경우 가능한 총조합수는 2^n이 된다.

하나의 염색체는 수백 또는 수천 개의 유전자를 포함하고 있다. 또한 각 유전자는 특정 염색체의 특정한 위치에 자리 잡는데 이를 유전좌(gene locus)라 한다. 서로 다른 쌍의 염색체에 위치한 유전자는 성세포 형성시 함께 머물 수도 있다. 그러나 양친으로부터 전해 받은 염색체가 세포분열시 세포의 적도면에서 쌍으로 놓여 있을 때 같은 쌍에 속하는 상동염색체(homologous chromosome)간에 교차(crossing over)가 생기면 염색체의 일부분이 바뀌게 된다.

제 2 절 질적형질과 양적형질

1. 질적형질

질적형질은 모색과 같이 하나 또는 소수의 유전자에 의해 유전되는 형질을 말한다.

질적형질의 유전 양식은 멘델이 1860년대에 완두콩을 실험재료로 체계화시켰지만 20세기 초까지 가축육종에는 적용하지 못하였다.

토끼에서 22쌍의 염색체 중 한 쌍은 성을 결정짓는 염색체이고 나머지 21쌍은 각 쌍별로 염색체의 모양과 크기가 같은 상동염색체를 형성하는데, 이들을 상염색체라 한다. 암컷의 경우 성염색체는 XX형이고, 수컷의 성염색체는 XY형으로 나타낸다. 각 쌍의 상염색체는 양친으로부터 전하여 받은 동수의 유전자를 함유하고 있는데, 이들 유전자 역시 하나는 아비로부터, 다른 하나는 어미로부터 공급된 것이다. 즉 한 마리의 토끼가 생산될 때에 그의 양친은 각기 자기가 지니고 있는 모든 유전자의 반은 아비의 것이고, 나머지 반은 어미의 것이다. 한 쌍의 유전자가 상동염색체 상에서 같은 위치에 있으면서 동일한 형질에 대해 작용하는 정도가 서로 다를 때 이들을 대립유전자라고 하고, 염색체상에서 위치가 서로 다른 유전자를 비대립유전자라 한다. 따라서 어떤 특정한 형질에 대해 작용하는 정도가 같은 유전자가 상동염색체에서 대립의 위치로 있을 때 이를 동형 대립유전자라고 하고, 유전자의 위치는 같으나 작용하는 방향 또는 정도가 다른 대립유전자가 짝짓고 있을 때를 이형 대립유전자라 한다. 이형 대립유전자 중 어느 하나의 유전자작용이 다른 하나보다 강할 때 이를 우성유전자(dominent)라 하고, 그에 대해 후자를 열성유전자(recessive)라 한다. 일반적으로 우성유전자는 대문자로 표기하고 열성유전자는 소문자로 표기한다. 두 개체간의 유전자형을 비교할 때에는 서로 공유하고 있는 유전자는 배제시킨다.

표 3-1. 토끼에 있어서 모색의 주요 유전자

Locus	Color	Locus	Color
A	Agouti(회갈색)	Du	단색
at	Tan(황갈색)	du^{d}	어두운 더치 점
a	검정색	du^{w}	흰 더치 점
B	검정색	En	우성 흰점
b	갈색 혹은 초콜릿색	en	단색
C	완전 유색	V	단색
c^{chd}	어두운 친칠라색	v	푸른 눈의 흰색
c^{chm}	중간 친칠라색	W	정상 회갈색 띠
c^{chl}	밝은 친칠라색	w	폭이 노란색의 이중 띠를 가진 회갈색
c^{H}	히말라안(잿빛색)	Si	정상
c	알비노(흰색)	si	은색
D	검정색	Locus	모의 구조
d	옅은 청색	R	정상
E	회갈색	r	렉스 털
ED	회갈색 띠가 확장된 검정색	Sa	정상 털
ES	철강색 털을 생산하기 위해	sa	비단 결의 털
e^{j}	일본 얼룩무늬	L	정상
e	노란색	l	앙고라 털

2. 양적형질

양적형질이란 여러 염색체상에 위치한 수백 또는 수천 개의 유전자 쌍의 지배를 받으며, 양적형질을 조절하는 유전자 쌍들의 발현에는 환경이 영향을 미치게 된다. 따라서 두 마리의 토끼가 유전적으로 매우 유사할지라도 한 마리는 좋은 환경에서 사육하고 다른 한마리는 불량한 환경에서 사육할 경우 이들의 성장능력은 달라지게 된다.

양적형질의 표현형은 연속적인 분포를 나타내기 때문에 표현형 자체를 뚜렷이 구분하여 분류하기 어렵다. 이러한 양상은 토끼의 생시체중부터 출하시 체중까지 체중을 측정하여 그래프를 그려보면 연속적인 선의 형태를 보이는 데서도 알 수 있다. 그러나 예외도 있어서 토끼의 번식형질인 복당산자수는 양적형질이지만 7두, 8

두, 9두 등으로 표현형을 뚜렷이 구분할 수 있기도 하다. 중요한 것은 양적형질을 지배하는 유전자쌍이 얼마나 많은지 조차도 정확히 밝혀질 수 없기 때문에 유전자형을 정확히 밝혀낸다는 것은 불가능하다는 사실이다.

토끼의 생산성과 관계가 있는 경제형질은 대부분은 양적형질로 분류되며 복당산자수, 이유시체중, 이유 후 일당증체량, 사료요구율, 도체율, 정육률, 배장근 단면적 등이다. 이들 경제형질을 유전적으로 개량하여 토끼의 생산성을 높이는 것은 토끼 개량의 가장 중요한 목표가 되므로 요약하면 다음과 같다.

1) **복당산자수** : 어미토끼의 복당산자수(litter size)는 보통 분만시와 이유시에 조사한다. 복당산자수에는 생존자토수 뿐만 아니라 사산두수도 포함된다. 복당산자수를 조사할 때 생산자토의 체중을 측정하여 생시체중을 조사한다. 또한 농장의 평균 복당산자수를 계산할 때는 해당농장에서 1년간 분만된 총자토수에 분만복수를 나누어 계산한다.

2) **이유두수** : 어미 토끼의 번식 및 자토육성능력을 평가할 때 가장 중요한 항목이다. 이 성적은 산자수, 표유개시율, 육성률 등 모든 성적을 집대성 한 것으로 농장의 연간 모토 1두당 이유두수는 농장의 경영형태를 파악하는데 있어 중요한 지표가 된다.

3) **이유시 체중** : 자토는 이유시까지 성장이 매우 빨라서 이유시 체중이 무거운 것이 좋다. 자토의 이유시 체중은 모토의 비유능력에 의하여 상당한 영향을 받게된다.

4) **일당 증체량** : 토끼에 있어 일당증체량은 이유 후 부터 출하시 체중인 2kg 내외 도달할 때까지의 평균 일당증체량으로 측정된다. 일당증체량에 관계되는 요인은 어미토끼의 비유능력, 개체의 산육능력, 급여사료의 영양성분, 급여량, 급여방법, 계절적 온도, 토사환경, 사육밀도, 질병유무 등 여러 가지 요인들이 상관되어 복잡하게 얽혀있다.

5) **사료효율** : 농장에 있어서 사료비는 토육 생산비의 상당한 부분을 차지하므로 사료효율을 좋게하는 것은 매우 중요한 일이다. 토끼에 있어 사료효율 계산은 총사료섭취량을 기간 중 총증체량으로 나누어서 계산하며 이렇게 계산된 사료효율 수치가 낮을수록 개체의 사료이용성이 좋은 것으로 판단된다.

3. 유전력

유전력은 자손에 나타난 각 형질의 표현형의 변이(전체분산, Vp) 중 유전쌍의 조합 등과 같은 유전적 요인에 의해 나타나는 변이(유전분산, Vg)의 비율이다.

$$h^2 = \frac{Vg}{Vp}$$

유전력의 범위는 0%(0)에서 100%(1) 까지의 수치이며, 어떤 형질의 유전력이 20%(0.2)라는 것은 전체 변이의 20%는 부모의 능력에 의해 영향을 받지만 나머지 80%는 자라난 환경에 의해 영향을 받는다는 의미가 된다.

표 3-2. 토끼의 양적형질의 유전력(h^2)

양 적 형 질	유전력
번식능력	
생존동복산자수(Lampo와 Van Den Broeck, 1975)	2.1
생존동복산자수(Rollins et al, 1963)	3.0
질병	
56일령 설사와 폐렴 사망(Rollins와 casady, 1967)	12
56일령 생존율(Harvey et al, 1961)	6
성장률	
출생시 체중(Borgdan, 1970)	40
일당증체량 : 22~43일령(Varela-Alvarez, 1976)	58
29~70일령(Poujardieu et al, 1974)	61
체중 : 56일령(Leplege, 1970)	35
복당체중 : 56일령(Lukefahr et al, 1981)	22
56일령(Rollins et al, 1963)	0
산자수 보정에 의한 56일령 복당체중(Lukefahr et al, 1981)	69
등심 폭 : 56일령(Borgdan, 1970)	80
도체	
도체중 : 70일령(Poujardieu et al, 1974)	61
정육률(Fl'ak et al. 1978)	60
다리고기 무게(Fl'ak et al, 1978)	60

(자료 : Rabbit production, Peter R. Cheeke, 1982. 245pp)

토끼의 경제형질의 유전력은 표 3-2와 같은데 동복산자수, 생존율은 유전력이 낮은 반면에 일당증체량, 도체중, 정육률의 유전력은 매우 높은 것을 알 수 있다.

제 3 절 교배방법

교배법은 어떤 형질 또는 유익한 형질을 특별한 상태로 유전적인 변이를 확립하고 유지하는 데 중요한 수단이다.

토끼 사양가들이 자주 사용하는 교배법은 크게 순종교배법과 잡종교배법이 있다. 순종교배에는 계통교배(linebreeding), 이계교배(outbreeding), 근친교배(inbreeding) 등으로 나눌 수 있고, 잡종교배(crossbreeding)는 일대잡종, 퇴교배, 상호역교배, 윤환교배, 3품종 교배 등이 있다. 사양가들이 어떤 교배방법을 선택할 것인가는 기초 축군의 최초의 능력, 생산 목적(애완용, 고기 생산, 실험용), 확립된 축군의 유전변이 유지 등의 요인들에 의해 결정될 것이다.

1. 순종교배

순종교배란 같은 품종에 속하는 개체간의 교배를 뜻하는데, 순종교배의 목적은 품종의 특징을 유지하면서 축군의 능력을 향상시키기 위한 교배법으로, 이를 세분하면 무작위교배(random mating), 근친교배, 그리고 동일 품종 내의 이계교배 등으로 나눌 수 있다.

① 무작위 교배 : 집단 내에서 어느 수컷과 암컷이 교배될 확률이 동일한 교배이다.
② 근친 교배 : 혈연관계가 가까운 두 개체간의 교배이다.
③ 동일 품종 내의 이계교배 : 혈연관계가 비교적 먼 개체간의 교배이다.

2. 근친교배

근친교배란 혈연관계가 가까운 두 개체간의 교배를 말하는데, 토끼에서 흔히 이용될 수 있는 교배법의 예로는 전형매간 교배(Fulll-sib Mating), 반형매간교배(Half-sib mating), 부낭간 교배, 모자간 교배, 숙질간 교배, 사촌간 교배, 조손간 교배 등이다.

근친교배의 유전적인 효과는 첫째로, 유전적인 동형접합체(Homozygote)의 비율을 증가시키고, 이형접합체(Heterozygote)의 비율 감소, 둘째로, 기형 열성유전자를 선별하기위한 시험으로서의 역할 등이다.

근친교배의 문제점은 첫째로 각종 치사 유전자와 기형의 출현빈도가 증가하고, 둘째로 산자수, 성장률 등에 좋지 못한 영향을 준다.

표 3-3. 특정 집단사이의 유전적인 관계

친족관계 형	유전적 관계
부모–자식 형제–자매(full-sibs, 전 형매)	50%
반 형제–반 자매(half-sibs, 반형매) 숙질 조손	25%
사촌	12.5%

3. 잡종교배

잡종교배란 잡종강세를 효율적으로 이용하기 위해 서로 다른 품종이나 계통간의 교배를 말하며 잡종교배를 이용하는 중요한 목적은 다음과 같다.

첫째, 기초 축군 내에 존재하지 않는 새로운 유전자의 도입
둘째, 새로운 품종이나 계통의 육성
셋째, 잡종강세의 이용

위의 세 가지 목적 중에서 육용토끼를 생산하는 일반 사양가들이 주로 목적하는 것은 잡종강세 이용이다.

잡종강세(hybrid vigor, heterosis)란 품종간의 교배 또는 계통간의 교배에 의해서 태어난 자손은 수정률, 산자수, 생존율 및 성장률 등이 그 양친에 비해 우수한 경향을 말하며, 잡종강세의 수준은 다음의 공식에 의해서 계산한다.

$$\text{잡종강세}(\%) = \frac{F_1\text{의 평균} - \text{양친 품종의 평균}}{\text{양친 품종의 평균}} \times 100$$

잡종강세에는 개체잡종강세, 모계잡종강세 및 부계잡종강세가 있는데 개체잡종강세란 개체가 잡종이어서 생존율, 성장률 등이 좋아지는 현상을 뜻하며, 모계잡종강세란 어미가 잡종이어서 자손들에게 미치는 영향으로 어미가 잡종인 경우에 복당체중이나 복당이유시 체중이 무거워지는데, 잡종강세의 효과는 산자수가 많은 토끼에서 그 효과가 크다. 또한 부계잡종강세효과란 아비가 잡종이어서 얻을 수 있는 효과를 말하는데 가령 수 가축이 잡종인 경우에 정자의 활력이 좋아져서 산자수를 증가시킬 수 있는 효과가 이에 속한다.

육용토 생산에서 경제적으로 잡종강세를 최대화하기 위해서, 다음의 몇 가지 엄격한 지침을 지켜야 한다.

첫째, 일대잡종을 생산하기 위해서 가장 좋은 순종을 확보하여야 한다.
둘째, 잡종교배 계획에서 체계적으로 품종의 장점을 조합시켜야 한다.
셋째, 어미와 새끼에 나타나는 잡종강세 수준을 최대화해야 한다.

4. 잡종강세의 이용을 위한 교배법

교잡종 토끼의 능력은 교배에 이용되는 품종과 교배방법 등에 따라서 상당한 차이가 나므로 교잡종의 토끼를 사육하고자 하는 경우에는 각 농장의 사정에 알맞은 적절한 토끼 품종을 선택하고, 적절한 교배방법을 이용해야 생산성과 수익성을 향상시킬 수 있다. 육토를 생산하는 농가에서 주로 사용되어 지는 교배법은 일대잡종이다.

1) 일대잡종의 이용

이것은 두 품종 또는 계통간의 교배에 의해서 생산되는 일대잡종을 실용축으로 이용하는 방법으로 다른 잡종교배법에 비해 비교적 실시하기가 쉽다는 장점이 있으나, 모계잡종강세는 이용하지 못하고, 자토에게 나타나는 개체 잡종강세만을 이용하는 단점이 있다.

A 품종(♀) × B 품종(♂)
↓
일대 잡종 — 비육토로 출하

일대잡종 생산을 위해서 사용되는 어미토끼의 품종과 아비토끼 품종의 특징을 요약하면 다음과 같다.

어미토끼 품종 : 산자수가 많을 것, 비유능력과 포유능력이 우수할 것

아비토끼 품종 : 이유후 성장률, 사료효율 및 도체의 품질이 양호할 것

일대잡종의 생산을 위한 예로서 뉴질랜드 화이트(♀)×캘리포니안(♂)이다.

2) 3품종 교잡종의 이용

이것은 2 품종간의 교잡종 암토끼에다 제 3품종의 수토끼를 교배시켜서 생산된 잡종자손을 실용축으로 출하하는 방법으로 모체 잡종강세와 개체 잡종강세를 최대한으로 이용할 수 있다는 장점이 있다.

A 품종(♀) × B 품종(♂)
↓
잡종 자손(♀) × C 품종(♂)
↓
잡종 자손 ——— 비육토로 출하

3품종 교잡의 생산 예로써 플로리다 화이트 × 뉴질랜드 화이트의 자손 암토끼에 흰색 플래미쉬 자이안트 수토끼를 교배하는 것이다.

제 4 장 해부생리

제 1 절 외모의 특징

몸체는 상모와 하모가 조밀하게 피복되어 있다. 피부가 노출되어 있는 곳은 코의 선단과 수토끼의 음낭의 일부분과 암수의 사타구니 부분이다.

1. 두 부

외상의 특징으로 큰 귀와 이곳에서 잘 발달되고 바로 볼 수 있는 혈관계이다. 두 개로 갈라진 윗 입술과 쪼개지지 않은 아래 입술이 합쳐져서 비교적 작은 입의 입구를 형성한다. 입 주위의 감각모(vibrissae)는 길고 눈에 잘 띤다. 바깥 콧구멍은 계란형으로 윗입술의 갈라진 곳과 연결되어 있다. 눈은 대부분의 포유류의 것보다도 측방에 있다.

2. 경 부

흉수(dewlap)를 제외하면 특별히 눈에 띠는 점이 없다. 흉수는 품종에 따라 발달의 정도가 다르다.

3. 신체부

신체부는 흉부, 복부, 등부로 나누고, 짧은 꼬리 부착부의 아래에 항문이 있고 그 양측에 깊고 털이 없는 함몰부가 서경부이다. 암토끼에서 항문의 아래쪽에 음문이 있고 그것을 둘러싸고 있는 피부의 주름이 있고, 음문의 위쪽 벽에 음핵이 있다. 포피로 감싼 수컷의 음경은 암컷의 음핵에 해당한다. 정소를 담고 있는 음낭은 양측에 있다.

암컷에서는 4~5쌍의 젖꼭지가 복부와 흉부의 아래쪽에 있다. 수컷은 젖꼭지가 잘 발달되어 있지 않다.

4. 사 지

잘 발달한 뒷다리는 허벅지, 다리, 발로 나누어지고 4개의 잘 발달한 발가락이 있다. 앞다리는 상완, 전완과 손으로 되어 있고 5개의 발가락이 있다.

제 2 절 골 격

1. 추골격(Axial skeleton)

1) 두 골

두골은 몇 개의 개별 뼈와 움직이지 않는 관절 결합으로 특징한 수개의 연골로 되어 있다. 단 하악골은 별도 이다. 두골은 뇌와 청각기관을 갖고 있는 두개부와 주로 턱과 구개에 관계하는 여러 구조를 갖고 있는 안면으로 나누어진다.

2) 척 추

일반 척추식은 C7T12L7S4C16이지만 어떤 집토끼에서는 13개의 흉추가 있다. 최초 2개의 경추는 다른 종류의 동물과 동일하게 변형되어 있다. 극상돌기는 흉부에서 크게 되어 있다. 선추골은 융합해서 선골을 만들고 있다. 최후의 9개의 미추에는 궁(arch)이 없으며 1개로 되어 있다.

3) 늑 골

정상에서는 12쌍이고 각 늑골은 등뼈의 부분과 그것보다 짧은 배측의 연골부로 되어 있다.

4) 흉 골

흉골은 6개의 흉골분절(sternebra)로 되어 있다. 제 1 흉골분절은 흉골병

(manubrium sterni)이고, 제 6의 것은 검상돌기로 그 꼬리측단에 얇고 폭 넓은 연골이 있다.

5) 부속지 골격(Appendicular skeleton)

① 견대(Pectoral girdle)와 사지(Limb)

견대는 견갑골과 작은 쇄골로 되어 있다. 상완골(humerus), 요골(radius) 및 척골(ulna)은 다른 동물과 같은 모양이다.

② 요대(pelvic girdle)와 다리(limb)

요대는 장골과 좌골 치골의 융합에 의해 형성되어 있고, 쌍을 이룬 관골로 되어 있고, 또한 장선골 관절에 의해 척추에 단단히 부착해 있다. 대퇴골은 말단으로 관절에 의해 경골에만 연결되어 있다. 비골은 경골의 측면을 따라 가늘고 칼 모양의 뼈이다. 족골은 6개로 3열로 나란히, 기부옆에는 2개의 큰 뼈가 있고 중간열에는 1개, 말단의 열에는 3개의 뼈가 있다.

제 3 절 복부장기

1. 간장과 담낭

간장은 그 전면이 횡격막으로 향해 있고 4개의 엽으로 되어 있다. 깊은 중앙열에 의해 좌우의 엽으로 나누어져 있고, 각각이 다시 전엽의 소엽으로 나누어져 있다. 집토끼의 개체에 따라서는 우후소엽이 다시 나누어져 있는 것도 나타난다.

담낭은 우전엽의 아랫면에 있는 깊은 함요부에 존재한다. 간관은 합쳐져서 공통의 담관으로 되고, 담낭에서 담낭관을 받아들여 유문의 바로 뒤에서 십이지장의 뒷면에 열려 있다.

2. 췌 장

췌장은 흩어져 있고, 십이지장 환상부의 각 가지를 연결하고 있는 십이지장 장간막에 위치한다. 그래서 다량의 지방이 부착해 있는 것이 많다. 단일의 췌관이 십이지장의 상행지 후방부분에 열려있고, 따라서 담관의 개구와는 완전히 떨어져 있다.

3. 비 장

비교적 편평하고 가늘고 긴 비장은 위 간막에 의해 위의 대만곡 좌측 뒷면에 부착되어 있다.

4. 위와 장관

집토끼의 위는 특별한 부분은 없고 벽이 얇고 대형이다.

소장은 특별히 긴 십이지장과 공장, 회장으로 되어 있고, 회장의 말단부는 확장한 둥근 모양의 소낭으로 되어 있다. 맹장은 특별히 크고 코일 모양으로 되어 있고 옅은 색의 벌레모양의 돌기 충수로 끝난다.

결장의 시작부분은 맹장에 의해 바뀌어 놓여 있고 맹장 모양의 구조를 갖고 있고 맹결장팽대부를 형성한다. 결장은 골반은 통해서 직장과 연결되고 항문에서 끝난다.

5. 부 신

쌍으로 된 부신은 신장보다 전방의 중앙부에 위치한다. 좌부신은 상장간막 동맥의 시작부의 아래쪽에 있고, 우부신은 상행대정맥의 바로 가까이에 있다.

제 4 절 생식기관

1. 웅성생식기관

정소에 특별한 특징은 없다. 정관의 약간 확장한 말단부(팽대부)는 방광의 등쪽에 있는 정낭의 복측면으로 들어간다. 중앙에 위치하는 정낭은 난원형의 융기(정구, *Colliculus seminalis*) 직전에서 요도로 열린다. 정낭선과 전립선은 정낭의 더 후방부분의 등벽에 있고 이들 선이 넓게 정낭을 감싸서 꽉 누르고 있다. 정낭선의 1쌍의 도관은 정구의 양측에서 요도로 들어간다. 그리하여 4~6개의 미세한 전립선관이 정낭선관의 바로 뒤에서 요도로 들어간다. 부전립선은 수에 있어서 차이가 있고, 요도내막의 미세한 손가락 모양의 돌기로 정낭의 기부 양측에서 요도벽의 외측 부분에 묻혀있다.

쌍으로 된 소형의 요도구선은 요도의 등벽에 두엽의 융기를 형성하여 전립선의 바로 후방에서 요도벽으로 들어가 있다.

음경 그 자체는 음경 귀두가 없고, 그 유리단은 자유부로 알려져 있다. 음경 자체 바로 등 측방에서 그 피하에 백색과 갈색의 각각 1개의 서경선이 양측에 위치한다. 이들은 털이 없는 서경부로 통해서 배출된다.

2. 자성생식기관

집토끼의 난소는 가늘고 긴 타원형의 기관이다. 섬유(그 1개가 난소의 앞쪽에 부착해 있다)로 된 난관의 작은 구멍(난관자궁구)은 난소의 가장자리를 둘러싸고 있기 때문에 배란된 난자는 거의 확실하게 누두에 들어간다.

좌우 자궁은 전장에 걸쳐서 분리해 있다. 양자궁은 합쳐서 경관을 동반한 질로 되며 경관은 양자의 합쳐진 부분이다.

요도가 질에 들어가면 1개의 공통관 즉 요생식동, 즉 전정으로 된다. 요생식동의 바깥 가장자리가 음문을 형성한다. 요두구선은 수컷의 것과 유사해서 전정의 등벽 내에 위치한다.

음핵은 요생식동의 배면에 이어져 존재하고 음핵귀두는 요성구(urogenital aperture) 내에 돌출해 있다.

제 5 절 흉부장기

흉선은 성숙 집토끼에서 일반적으로 상당한 크기이지만 일부는 심장의 복측에 있고 체 전방으로 뻗어 흉부 입구에 이른다. 쌍을 이룬 흉강에는 폐가 있고 종격에 의해 나누어져 있고 종격 공간은 대부분 심장이 차지하고 있다. 등쪽의 종격은 식도, 후부대동맥, 기관지, 폐동맥 및 임파절이 차지하고 있다. 집토끼의 심장은 우방실변(atrioventricular valve)이 3개보다는 오히려 약간 2개의 변막첨으로 되어 있어

삼첨변이라는 단어가 부적당 하다는 점에서 다른 포유류의 심장과 다르다. 오른쪽 폐는 첨엽(apical lobe), 심장엽(cardiac lobe), 횡격엽(diaphragmatic lobe)으로 나누어져 있고, 더욱이 횡격엽은 큰 측엽과 작은 중간엽으로 되어 있다. 왼쪽 폐는 횡격엽은 소엽으로 나누어져 있지 않고, 상엽은 거의 명확하지 않다. 왼쪽 폐는 오른쪽 폐의 2/3의 크기에 지나지 않는다.

표 4-1. 집토끼의 장기중량

품종	성별	체중(kg)	뇌	간장	비장	부신	신장	난소	정소	갑상선	흉선	심장
뉴질랜드화이트	♂	2.775	0.364	2,870	0.042	0.0098	0.521		0.109	0.0055	0.145	0.203
	♀	2.541	0.374	3.275	0,037	0.0095	0.510	0.0072		0.0063	0.156	0.200
다치	♂	1.500	0.560	3.390	0.032	0.0104	0.730		0.115		0.150	0.270
	♀	1.480	0.560	3.200	0.042	0.0118	0.720	0.0099			0.130	0.280

제 6 절 치 아

집토끼의 치식은 문치 2/1, 견치 0/0, 소구치 3/2, 대구치 3/3, 즉 위턱에는 16개 아래턱에는 12개로 총 28개이다. 상악 제2문치는 제1문치 보다 작고, 그 후방에서 교합한다.

제 7 절 시 각

모든 가축에 있어서 좌우 시야는 중앙의 일부분이 중복된다. 집토끼의 눈은 각 시야에서 중복되는 곳은 작은 코 부분만이다. 눈이 측방에 위치함에 따라 생기는 넓은 시야는 집토끼가 머리를 들어 올릴 때에 후방의 양 눈의 시야가 좁다는 것을 의미하며, 집토끼는 특별히 넓은 시야를 갖고 있다. 돌출한 눈도 집토끼의 또 다른 1개의 특징으로 그 넓은 전 시야를 가능하게 하는 역활을 한다.

제 8 절 호 흡

집토끼의 호흡수는 32~60회/분이다. 체중 2.4kg 집토끼에서는 39회/분이다.

제 9 절 혈 액

각종 혈액 순환에 관한 수치는 표 4-2와 같다.

표 4-2. 집토끼에 있어서 각종 혈액수치

항 목	수 치	비 고
전 혈액량(ml/kg 체중)	55.6~57.3	
혈장량(ml/kg 체중)	38.8(27.8~51.4)	
적혈구량(ml/kg 체중)	16.8~17.5	
혈압(mmHg)		
성숙토		
압축기혈압	110(90~130)	
이완기혈압	80(60~91)	
신생토		
압축기혈압	35	
이완기혈압	1	
전혈 pH	7.35(7.21~7.57)	
심박수(회/분)	306~333	
신생토	220	

제 5 장 번 식

제 1 절 성성숙

어린 암토끼에서 난조세포는 태아기의 2주일 말에 난모세포로 발달하며, 3주일에 제 1 차 감수분열 중기상태에 도달하여 배란 시까지 휴지상태에 있다. 난포는 약 90일에 발달하기 시작하여 120일까지 성숙난포로 발달하지 않는다. 그렇지만 대부분의 포유동물에서 성성숙의 척도는 체중이다. 뉴질랜드 화이트의 체중이 3.6kg일 때가 교배에 공용하는 시기이다.

수컷에서 정자형성 활동은 63일 전후에 시작하며, 모든 정세관들이 84일경에 활동할지라도 정자는 정세관 내에 존재하지 않으며, 112일까지 정소상체 체부에서 발견되지 않는다. 부생식선은 정소의 발육보다는 늦다. 분비활동은 적어도 1년까지 증가하며 그 결과로 정자농도는 감소한다.

결론적으로 수토끼는 약 224일에 완전한 성성숙에 달한다.

표 5-1. 토끼의 교배시기와 체중

품 종	암토끼(월령)	수토끼(월령)	수토끼의 체중(kg)
더 치 종	4	5	1.8
앙고라종	8	10	2.3
일본백색종	5	6	3.5
뉴질랜드화이트종	6	7	3.5

1. 수토끼의 성행동

1) 구애행동

야생의 성토가 달려가 싸우는 것은 성행동의 초기적 표현이다. 케이지 사양 하에 있는 집토끼는 이와 같은 행동을 취하지 않는 것은 당연하다. 따라서 수토끼가 취하는 구애행동은 꼬리를 세우는 것과 배뇨 행동에 한하게 된다.

이 꼬리를 세우는 행동은 일상의 행위에서도 있다. 수토끼는 후구를 들고 단단한 뒷다리로서 뛰어 달리고, 그의 꼬리를 뒷등에 접착시킨다. 이와 같이 해서 꼬리의 안쪽이 보이며, 이때 유색 품종의 꼬리 안쪽이 흰색인 것을 알 수 있다. 이들은 케이지벽에 붙여서 주위를 돌면서 꼬리를 세운 채 여러 가지 행동을 연출한다. 이런 형태의 행동은 거의 수토끼에 한해서 행해진다. 이와 같은 행동에 의해서 암토끼에 시각 자극을 주는 것과 함께 서경선(inguinal gland)부터의 후각 자극물을 발산하다.

이와 같은 성적 공격태세를 취하면 수토끼는 거의 파트너를 향해서 방뇨한다. 수토끼는 암토끼 쪽에 후구를 움직여서 소량의 오줌을 뿌린 후에, 케이지 내를 여러 형태로 달린다. 만약 인접한 케이지에 수토끼를 넣어두면 수토끼는 빠르게 돌아다니든지, 그 후구를 움직여서 인접 케이지의 수토끼를 향해서 방뇨한다.

2) 교 미

수토끼의 구애를 받아들일 기미가 있는 암토끼를 수토끼의 케이지 내에 이동하면 암토끼는 곧바로 교미허용자세를 취한다. 수토끼는 암토끼의 등에 타고 앞다리를 암토끼의 복부 양측에 닿고 강하게 포옹한다. 보통의 경우 8~12회 정도의 급속한 피스톤 운동을 한 후 음경의 삽입에 성공하고 최초의 삽입 직후에 사정한다. 사정 직후 수토끼는 암토끼의 후방 혹은 측방으로 굴러 떨어지고 때때로 특징 있는 소리를 낸다. 이 기성은 고통의 표시지만 암수 어느 쪽이 소리를 지른다. 왕성한 수토끼는 바로 재차의 교미를 시작한다. 슬로우모션 촬영에 의하면 사정시 수토끼의 양 뒷다리가 지면에서 떨어져 몸자세를 지탱할 수 없기 때문에 바로 굴러 떨어진다. 사정액 중의 교질물은 질전(vaginal plug)을 형성하지만 이것은 교미 후 얼마 지나지 않아 소실된다. 자궁경관의 마게(cervical seal)를 형성하는 것은 없다. 보통 사정량은 0.5~1.5㎖이며 그 1㎖당 정자농도는 0.5×10^8~3.5×10^8이다. 100㎖ 당 40

~400mg의 과당(fructose) 때로는 포도당 및 215~370mg의 글리세린 인산화 콜린(colin)을 정액부에 함유한다. 또한 수종의 효소를 함유하고 있다. 토끼 정자는 타동물의 정액에 비교해 높은 수준의 카타라제(catalase)를 함유하고 집토끼 정자는 과산화수소에 대한 저항성이 높다고 알려져 있다.

3) 성적충동

교미는 감각 수용기(sensory receptor)에 중개되어 행해지는 복잡한 현상으로 기록되어있다. 감각기 계에서 일어나는 어떤 장해는 성적능력에 영향을 미친다고 생각되어진다. 연령, 교미빈도, 영양상태나 유전적 조건 등도 성충동(sex drive)에 영향을 미치는 것으로 알려져 있다. Hafez의 성적충동에 관한 연구결과에 의하면, 탐색행위의 반복, 냄새 맡는 행위, 등에 타는 행위, 도약, 무는 행위, 허리 흔드는 행위, 발기한 음경으로써 암컷 생식기를 찾는 행위, 음경의 삽입 및 절정에 따른 사정 등은 거의 모든 개체가 가진 공통행위이다. 그러나 이들 각종의 행위를 일으키는 빈도나 지속성은 개체에 따라 다르며, 같은 수토끼에서도 때에 따라 틀린다. 또한 암토끼의 등에 타면 바로 사정하는 극히 적극적인 행위부터 보통으로 피부의 냄새를 맡고 깨무는 정도로써 무사정으로 끝나는 지극히 소극적인 행위까지 대략 7가지 정도로 분리될 수 있다.

13개월에 걸쳐서 연일 채취한 정액 표본에 의하면 그 성질은 개체에 따라 또한 동일개체에서도 시기에 따라 상당히 변화한다. 최고 정자농도는 평균 3.16일 간격으로 채취했을 때 나타났다. 정자농도는 정자의 운동성이나 정액량과 상관하지만 정액 중의 교질물의 양과는 무관하다. 의빈토(dummy female)에 대한 반응의 횟수, 피로에 빠질 때까지의 사정횟수, 의빈토에 대한 흥미를 가지는 방법을 기준으로 해서 성적충동의 정도를 측정했던 Dogett & Ett은 이들 사이에는 유의성이 없다고 인정했다. Hafez에 의하면 정자의 운동성은 성적충동과는 무관하지만 교미의 적극성은 사정량을 증대하고, 정자농도나 활력 정자의 비율을 높인다. Oloufa 등은 고온도(32.8℃에 의한)가 정액 전체의 특성에 악영향을 미치고, 또한 주기적으로 고온조건 하에서 사양하기 때문에 일어나는 수토끼의 수정률의 저하는 사이록신(thyroxine)의 투여로써 개선되었다고 보고하였다.

2. 암토끼의 성행동

1) 발 정

산토끼는 명료한 발정휴지기(anestrus period)를 갖고 번식활성(reproductive activity)에 계절적 변화를 표시하지만, 집토끼에는 규칙적인 발정주기를 인정할 수 없다. 암토끼의 교미허용은 시기적으로 변화하고, 어느 정도의 강약이 있다. 드물게 교미를 계속 거부한 암토끼가 어떤 수토끼의 구애를 간단히 허락하고, 어떤 때에는 허락한 일이 있는 수토끼의 구애를 두 번째에는 강하게 거부하는 것이 있다.

Hamilton은 질 점액의 도말(vaginal smears) 및 자궁경 조직(cervical tissue)과 질 조직 박편 표본의 관찰에 의해서 수종의 세포에 주기적 변화가 있다는 것을 보고했다. 이들의 변화는 4～6일 간격으로 반복했으며, 혈청 에스트로겐(estrogen) 수준의 변화를 동반한다고 한다.

Meyers와 Poole의 보고에 의하면, 집토끼의 암토끼는 4～6일 간격으로 수토끼를 성적으로 끌어당기며, 이 간격은 그들이 이미 보고한 산토끼의 7일 간격보다 짧다. 예전에는 명료하게 정해진 발정주기가 변함에 따라 번식생리에 이와 같은 변화가 일어났다고 생각하는 것보다 발정행동의 변화에 따라 일어난 것으로 생각하는 것이 좋다.

그렇지만 지금까지 알려져 온 바에 의하면 난자는 약 15～16일의 주기를 갖고 발육하고 퇴행한다. 이 기간 중 앞부분 2일간은 미성숙 난자 기간이고, 이 기간 중 뒷부분 2일간은 난자가 퇴행해서 흡수되는 시기로 4일간을 제외한 12일간은 정상적인 발정과 임신을 할 수 있다.

(1) 발정징후

① 침착성 결여 : 토끼장에서 이리 저리로 다닌다.
② 난폭해지며, 눈은 충혈되어 날카롭다 : 뒷발로 토끼장 바닥을 친다.
③ 식욕감퇴

2) 교 배(Mating)

교배시 반드시 발정된 암토끼를 수토끼 사육장에 넣어야 한다.

(1) 유의 사항

① 생식기 질환의 유무를 확인하고 발정이 현저한 가를 본다.
② 수토끼의 사육장을 청결히 하고 사육용기 등을 제거한다.
③ 교배가 끝나면 암 · 수를 바로 분리할 것이며 3회 이상의 교배는 무의미하다.
④ 교배할 때는 조용하게 해준다.
⑤ 앙고라 종에 있어서는 생식기 부근의 털을 짧게 깎아준다.
⑥ 교배가 끝나면 수컷의 개체번호, 교배일시를 기입한 카드를 암컷케이지에 붙이고 관계 기록장에도 기입한다.

(2) 교배시각 : 밝은 날 오전 중에 실시한다.

(번식계획)

5회 번식 (번식기간 73일)
0 분만 — 42 재종부 — 56 이유 — 73(일) 분만

8회 번식 (번식기간 45일)
0 분만 — 14 재종부 — 28 이유 — 45(일) 분만

3) 배 란

집토끼는 자연배란을 하지 않고, 교미 10~13시간 후 혹은 생식선 자극 호르몬의 일종인 황체형성 호르몬(LH)의 주사 후에 배란이 유발된다. 실험적으로, 전기자극이나 인공적 물리자극을 주던가, 다른 암토끼를 접촉시켜서 오르가즘에 이르는 방법으로서 배란을 유발시킬 수 있다 이런 형태의 배란은 고양이, ferret, shrew 등에서 볼 수 있는 형과 유사하다. 교미해도 배란하지 않는 암토끼도 있지만 여하튼 이것은 뇌하수체에서 분비되는 LH 부족에 의한 것일 것이다.

20~25 IU의 HCG를 정맥 주사함으로써 배란은 유기된다. 배란을 일으키는 비율은 체중과 상관한다. 위 임신상태의 토끼에 정제화 된 0.01mg의 LH를 주사해서

배란을 촉진시킨 실험결과에 의하면, 여러 가지 번식특성은 일조시간과 온도의 변화에 따라 강하게 변화한다.

수태율이 고온과 극히 높은 부의 상관을 표시하고 있다. 6~8월에 걸쳐서 고온시의 수태율이 최고로 저하하고 있다. 따라서 수태수, 총 산자수와 유산 태아수, 신생자수(생겨서 태어난 새끼수) 등의 최저 수치는 최고기온의 달에서 3개월 후에 나타났다. 기온이 23.9℃ 이하로 저하하면 이들의 최저치가 곧 바로 상승한다. 이 사실은 최고기온이 한계온도 이하로 되면 수태율이 곧바로 회복하는 것을 보여준다.

3. 정액보존과 인공수정

동물이 지니고 있는 유전능력의 사용빈도를 넓힐 수 있는 방법 중에 하나가 수컷의 수정기회를 넓히는 것이다. 또한 정액을 보존하는 방법에 따라서 정액의 보존성이 다르게 되며 현재 일반적으로 이용하는 방법은 동결보존법이라 할 수 있다. 그러나 동물 종에 따라 사정의 방법이 다르고 그 정액의 성상 및 정자의 세포생리학적 성질도 현저하게 다르다. 따라서 각각의 동물 종에 적합한 정자의 동결보존법이 개발되었다. 한편 동결 보존한 정액은 수정뿐만 아니라 체외수정에도 이용됨에 따라, 융해 후의 정자활력 및 수정 능력의 향상을 위한 동결기술의 개선이 요구되게 되었다. 동물정액을 동결보존함에 있어 동해방지효과가 우수한 glycerol의 발견으로 정액의 장기보존이 가능하게 되었으며 동시에 동결 융해된 정액을 이용한 인공수정이 급속하게 발전하여 결과적으로 많은 가축의 우수유전자의 활용기회를 증가시키는 데 커다란 공헌을 하였다. 한편 토끼정액의 동결보존은 가능하다고 보고되어 있으나, 결과적으로 glycerol이 포함된 동해방지제에 대해서 비교적으로 민감한 것이 알려져 있다. 따라서 Hanada 와 Nagase(1980)는 amid 또는 methyl 종류가 포함된 동해방지제가 토끼정액의 보존성을 향상시킨다고 하였고, 동해방지제로 사용되고 있는 물질 중에는 세포막을 투과할 수 있는 물질(glycerol, DMSO)과 투과할 수 없는 물질(carbohydrate, methyl cellulose)이 있으며, 이것은 각각 세포내외의 물 분자의 동결에 영향을 미치므로, 두 종류를 조합하여 동해방지제로 사용함으로써 동결융해 후의 정자생존율이 개선되었다고 보고하고 있다.

1) 정액채취

정액채취를 위한 인공질(사진 5-1)은 라텍스, 내경 15㎜의 PVC pipe, 채취관 및 콘센트로 이루어졌고, 그 조립은 PVC 파이프에 나사못을 꽂고, 나사못의 머리에 콘센트 전선을 연결한다. 라텍스를 PVC 파이프 내로 넣고 아래쪽을 PVC 파이프와 함께 고무줄로 동여 맨다. 위쪽의 열린 부분으로 식염수를 넣고 물이 새지 않도록 한다. 채취 직전에 콘센트를 꽂아 식염수의 온도를 40~45℃로 맞추고 그리고 아래쪽에 정액 채취관을 넣고 적당한 압력이 되도록 조절한다.

암토끼를 수토끼의 케이지로 이동하여 수토끼가 암토끼 등에 올라 교미를 시작할 때 수토끼의 음경을 인공질 내로 유도하여 사정케 한다.

정액채취는 보통 주 2회 행하지만 성적흥분이나 수정률을 저하시키지 않고 연간을 통해서 연일 채취한 예도 있다. 연일 채취에 의한 정액채취량은 매주 채취법에 의한 정액채취량의 2~4배로 많다. 따라서 과도하게 사용된 수토끼의 정액생산 및 성흥분은 저하하게 된다. 뉴질랜드 화이트 종의 수컷은 반점 Dutch종의 수컷보다 정자 생산성이 높다고 알려졌지만, 채취빈도나 생산량에는 개체차가 있다. 인공질과 함께 사용되는 의체의 토피를 백색피로 하는 쪽이, 이것을 갈색 모피나 반문 모피의 경우보다 정액의 양, 정자 농도 및 활력이 능가한다는 것을 Hafez가 보고했다.

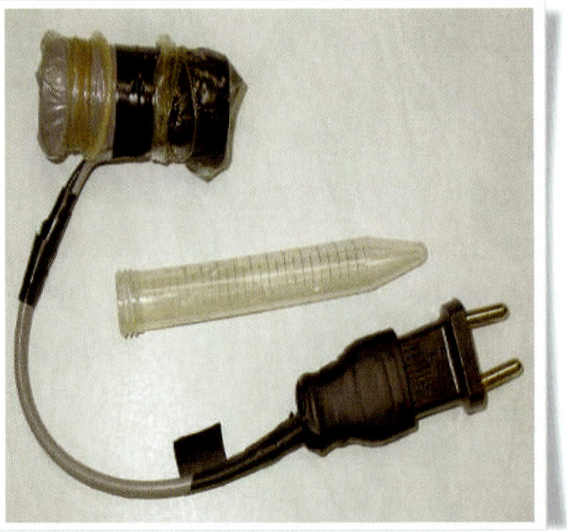

사진 5-1. 토끼의 인공질

2) 정액희석 및 동결

희석하지 않는 정액은 채취 후 12시간 이내에 사용하지 않으면 안 되지만, 포도당－난황－구연산액(glucose－yolk－citrate solution)으로 희석한 정액을 10℃에 보존해 두면 활력을 가진 정자를 4일간 보존할 수 있다. 생리식염액(physical saline), Ringer' s solution도 희석액으로 사용되며, 이들의 액으로써 사정정액을 10배로 희석해도 유효하게 사용할 수 있다. 정액의 희석도를 여러 가지로 하드라도 정액 중의 정자수가 얼마인가가 중요한 문제다(Fox & Burdick, Sawada & Chang 과 O shiea & Wales가 정액의 희석과 보존의 방법에 대해 보고하고 있다.).

채취한 정액 중에 포함된 교질물은 동결에 사용하기 전에 멸균된 핀셋으로 제거하고 정액을 37℃로 준비한 RMED 용액(표 5-2)과 1:1로 희석(1차 희석)하였다. 1차 희석한 정액을 15㎖의 원심튜브에 담아 준비한 37℃, 50%의 percoll의 상층에 조용히 올리고, 37℃로 맞춘 원심분리기로 1,500 rpm, 5분간 원심분리하여 상청액을 제거하고 정자만을 회수하였다(정자괴). 정자 괴를 37℃로 가온한 희석액과 희석(2차 희석)하였으며, 2차 희석한 정액을 0.5㎖ straw에 분주하여 봉인하고 25℃에서 5℃까지는 프로그램 동결기(program freezer)에 의해 냉각하고, 5℃에서 −196℃까지는 액체질소 상면에서 냉각하였다. −196℃까지 냉각한 정액은 액체질소 통에 넣어 보존한다.

(1) 냉각속도와 생존율

동결용 희석액은 Hanada 와 Nagase(1980)가 보고한 EHY 용액(125mM glucose, 105mM lactose, 91mM raffinose, 10mM hepes 와 20% egg yolk)에 최종농도가 glycerol 3%, acetamide 5%, 점조도가 각각 15, 400, 1,500(lg. cm^{-1}, sec^{-1})인 methyl cellulose(MC15, MC400, MC1,500)를 0.5%가 되도록 첨가한 것으로 하였다. 각각의 희석액과 정액의 비율이 6:1이 되도록 희석하고, 25℃로 조절한 프로그램 동결기 내에서 25℃에서 5℃까지 냉각속도(℃/min)를 1, 2, 3, 4시간으로 조절하여 냉각시켰다. 5℃까지 각각의 속도로 냉각시킨 후 0.5㎖의 plastic straw에 주입하여 straw powder로 밀봉, 5℃의 물 중에 넣어 powder를 굳히고, 액체질소 상면 5cm위에 수평으로 놓아 15분간 예비동결을 실시하였다. 15분 후에 액체질소 중에 침적시켜 동결을 완료하였으며, 동결 후 1주 이상 경과 후에 37℃의 온수로 융해하고, 37℃로 미리 가온하여 준비한 RMED 용액(표 5-2)과 1:1로 희석한 다음, 정자의 생존율과 첨체변화를 관찰하였다.

동해방지제로 첨가한 물질을 분류하면 세포투과성(glycerol, acetamide)과 불투과성(methyl cellulose)으로 나눌 수 있다. 세포투과성이 있는 물질은 세포 내의 자유수와 치환하는 것으로서 세포질을 보호하며, 불투과성 물질은 세포막 표면에 망상의 빙결정체를 형성시켜서 세포의 동결과 융해 과정 중에 일어나는 급격한 세포 내의 삼투압 변화에 의해 세포막에 가해지는 손상으로부터 세포막을 보호하는 기능을 하는 것으로 추측된다고 보고하였다. 이러한 각각의 성질을 갖고 있는 물질을 단독적으로 첨가하여 동결용 희석액으로 사용하고 25℃에서 5℃까지의 냉각속도를 다르게 하였을 때 융해 후의 정자의 생존율과 첨체변화에 미치는 효과를 검토한 결과는 표 5-3, 4 같다. 세포막 투과성인 glycerol과 acetamide는 희석 후 1 시간 내에 냉각을 하는 것이 가장 높은 생존율을 나타내었으며($P<0.05$), 냉각속도가 늦어질수록 오히려 정자의 생존율이 저하되었다. 불투과성인 methyl cellulose로 희석한 정자에 있어서는 methyl cellulose의 점조도에 관계없이 서서히(25℃ → 5℃, 4시간) 냉각하는 것이 희석 후 빠르게 냉각하는 것보다 높은 생존율을 나타내었다($P<0.05$). 세포막 투과성인 물질(glycerol과 acetamide)은 정자와 희석 후 빠른 시간 내에 정자의 세포막을 통과하여 세포 내의 자유수의 탈수를 1시간 이내에 유기할 뿐만 아니라, 세포막 투과 후 시간이 경과함에 정자세포 내의 자유수의 과탈수 또는 독성이 오히려 정자의 생존율을 저하시켰다고 생각된다. 따라서 세포막 투과성 물질을 이용한 토끼정자의 동결에 있어서는 동해방지제가 첨가된 희석액과 희석 후 빠른 냉각속도로 냉각을 하는 것이 정자의 생존율에 있어서 유리한 것으로 생각된다. 한편 불투과성의 물질(methyl cellulose)은 세포막을 통과하지 않고 세포막의 표면에 결합하여 세포막을 보호하는 작용의 발휘에는 시간이 요구되므로 희석 후 느린 속도로 냉각을 하는 것이 정자세포막 표면에서의 보호능력이 충분히 발휘되는 것으로 생각된다. Dalimata 와 Graham(1997)은 3%의 glycerol을 첨가한 희석액으로 토끼정자를 희석 후 2시간에 걸쳐서 25℃에서 5℃까지 냉각하여 동결한 정자의 융해 후 생존율이 2%, acetamide를 첨가한 경우는 17%로 보고하였다. 徐와 金(2000)의 실험에서는 냉각속도를 1시간으로 하였을 때 glycerol에서는 생존율이 25.7%, acetamide에서는 26.9%로 나타나 이들이 보고한 생존율보다 높아, 세포막

투과성인 물질을 동해방지제로 첨가한 경우는 냉각속도를 빠르게 하는 것이 융해 후의 생존율에 있어서 유리한 것으로 생각된다. 또한 불투과성인 물질을 첨가하는 경우는 서서히 냉각을 하는 것이 이러한 물질이 세포막 표면에 충분히 결합하여 세포막을 동해로부터 보호하는 것으로 생각된다. 한편 융해 후의 정상 첨체율에 있어서는 methyl cellulose를 첨가한 구가 각각의 냉각속도에 있어서 glycerol과 acetamide에 비하여 유의적인 차이는 인정되지 않았으나 약간 높았으며, 서서히 냉각하는 것이 빠르게 냉각하는 것보다 높았다. 이러한 결과는 정자의 표면에 부착되어 있는 첨체가 불투과성인 물질로 코팅되어지는 것에 의하여 보호되는 것으로 생각되어지고, 또한 첨체는 온도변화에 대한 순응속도가 느리게 적응하는 것으로 생각되어진다.

정자의 생존율과 정상첨체율의 개선을 위해서는 세포막의 투과성 물질과 불투과성의 물질의 혼합이 요구된다고 할 수 있으며, 동해방지제의 특성에 맞는 냉각속도의 조절이 필요하다고 생각되어진다.

Roy와 Djerassi(1965)는 세포막투과가 가능한 물질인 demethylsulfoxide (DMSO)와 불투과성 물질인 sucrose가 조합된 동해방지제는 혈소판의 동결에 있어서 상호상승작용의 효과에 의해 세포를 동해로부터 보호하는 능력이 있는 것으로 보고하였다. 또한 당류와 세포막 투과성인 물질과의 조합이 몇몇 종의 정자 동결보존에 이용되고 있어, 투과성의 물질은 정자세포 내의 탈수를 조절하고, 불투과성

표 5-2. RMED 용액의 성분조성

시 약 명	성분량(mM)
Fructose	84
Glucose	5.5
Sodium pyruvate	1.2
Sodium lactate	13.1
Hepes	10
Calcium chloride	1.7
Bovine serum albumin	6mg/mℓ
pH	7.2
mOsm	300

표 5-3. 동결용 희석액별 냉각속도가 동결 토끼정자 융해 후 정자의 활력에 미치는 영향

(단위 : %)

희석액 종류	냉각속도(25℃에서 5℃까지)			
	1h	2h	3h	4h
EYH-Glycerol	25.7±4.3a	12.7±4.0a	14.7±4.5a	3.7±1.2a
EYH-Acetamid	26.9±2.6a	16.2±2.8a	7.6±0.9a	5.7±4.2a
EYH-MC15	6.6±0.8b	8.2±0.9a	7.0±1.0a	16.7±6.8b
EYH-MC400	3.2±2.2b	8.6±2.7a	8.9±0.9a	21.2±10.8b
EYH-MC1,500	5.5±3.3b	9.8±1.2a	7.4±0.7a	20.0±5.7b

[a,b] Mean±SE with different superscripts in the same column are significantly different($P<0.05$).

표 5-4. 동결용 희석액별 냉각속도가 동결 토끼정자 융해 후 첨체에 미치는 영향

(단위 : %)

희석액 종류	냉각속도(25℃에서 5℃까지)			
	1h	2h	3h	4h
EYH-Glycerol	53.1±14.7	52.1±16.7	63.5±6.9	69.8±7.9
EYH-Acetamid	61.5±0.4	64.2±1.1	61.5±1.3	71.7±5.5
EYH-MC15	67.5±0.3	63.6±0.7	72.4±2.9	78.9±0.2
EYH-MC400	65.5±4.2	69.9±3.7	79.8±12.4	70.9±5.1
EYH-MC1,500	69.6±0.1	70.8±0.7	73.2±2.0	79.5±1.0

물질은 정자표면을 보호하는 작용이 있는 것으로 나타나 두 가지 이상의 조합으로 희석액을 만드는 것이 토끼정자의 동결과 융해과정 중에 있어서 일어나는 충격으로부터 보호하는 능력이 증가될 것으로 생각된다.

(2) 당류가 생존율과 첨체변화에 미치는 영향

Raffinose가 제외된 EYH 용액에 MC15, 400과 1,500을 각각 0.5%, acetamide를 5.1%, raffinose를 91mM, trehalose를 91mM, glycerol를 3% 첨가하거나 2가지 이상을 조합으로 하여 첨가한 것을 동해방지제가 첨가된 희석액으로 사용하였다. 동결방법은 프로그램 동결기에서 25℃에서 5℃까지 2시간에 걸쳐서 냉각을 하여 동결/융해 후의 정자의 생존율과 첨체변화를 관찰하였다.

융해 후의 정자의 생존율은 Maxwell 과 Johnson(1997)의 방법에 준하여, 융해 희석한 정액 250㎕에 형광염색 시약인 2.4mM의 Propidium Iodide(PI) 3㎕와 DMSO로 희석한 100nM의 SYBR-14 5㎕(LIVE/DEAD sperm viability kit, Molecular Probes, USA, L-7011)를 각각 첨가하여, 20분간 배양염색을 하고 형광현미경(Olympus, Japan)하에서 400배의 배율로 관찰한 정자 중에 연녹색의 정자는 살아있는 정자로, 빨간색의 정자는 죽은 정자로 하였으며, 각각 실험구에 있어 3회 반복하여 관찰하였다.

각각의 희석액으로 동결한 정자의 융해 후에 첨체변화를 검사하기 위하여 융해한 정액을 10㎕ 취하여 slide에 도말 건조하고, 0℃의 100% methyl alcohol 중에서 2분간 고정하고 건조시킨 다음, 형광염색 시약인 FITC-PSA(Sigma, L-0770, 200 ㎍/㎖)를 75㎕, PI(2.4mM) 18㎕를 희석하여 20㎕의 정자를 도말 건조한 slide위에 놓고 여기에 OHP 필름을 덮어 slide 전면에 염색시약이 퍼지도록 하고 어두운 곳에 방치하여 형광염색을 실시하였다. 염색개시 후 20분에 OHP 필름을 조심스럽게 제거하고, 증류수로 10분간 세척한 다음에 건조하여 형광현미경 하에서 1,000배로 관찰하였다. 판단기준은 Pursel 등의 방법에 준하여 정상첨체, 비정상 첨체로 구분하였으며, 정상첨체율은 관찰한 정자 중 정상첨체만으로 하고 그 외의 정자는 모두 비정상인 상태의 정자로 하여 정상첨체율을 계산하였다. 통계처리는 결과를 종합하여 분산분석(ANOVA)과 Fisher의 protected least significant difference (PLSD) test로 실시하였다.

세포투과성 물질인 glycerol, acetamide와 불투과성 물질인 methyl cellulose, trehalose와 raffinose를 단독 또는 2가지 이상의 조합으로 조절한 희석액으로 희석하여 25℃에서 5℃까지를 2시간에 걸쳐서 냉각하여 동결 보존한 토끼정자의 동결융해 후에 있어서 생존율과 정상 첨체율에 미치는 효과를 검토하였다(표 5-5).

생존율에 있어서는 세포막 투과성 또는 불투과성 물질을 단독으로 첨가한 희석액으로 희석한 구가 가장 낮았으며(2.5~11.8%, $P<0.05$), 다음으로 2가지 조합구가 낮았고(7.7~16.0%), 가장 높은 생존율은 3가지를 첨가한 조합구 중 MC15와 MC1,500에 acetamide, trehalose를 첨가한 구가 18.1%과 18.2%로 가장 높았다. 따라서 methyl cellulose와 같은 불투과성 물질은 세포의 표면 보호작용으로 정자를 동결융해과정에 일어나는 충격으로부터 보호하고, 세포투과성 물질인 glycerol과

표 5-5. 난황 기초 희석액에 당류, 글리세롤, 메틸셀룰로오스의 조합이 동결토끼정자 융해 후 활력과 첨체에 미치는 영향

(단위 : %)

희석액 종류	활 력	정상 첨체
EYH-MC15	8.5±0.6[a]	59.1±0.4
EYH-MC400	2.7±0.2[a]	61.6±1.8
EYH-MC1,500	2.5±0.1[a]	63.8±2.9
EYH-acetamide	10.2±2.0[g]	62.1±7.1
EYH-raffinose	11.8±0.1[b]	59.1±0.9
EYH-trehalose	6.9±0.4[i]	61.3±2.8
EYH-glycerol	8.6±2.1[k]	54.9±1.8
EYH-MC15+glycerol	10.1±1.7[c]	61.3±2.8
EYH-MC400+glycerol	16.0±0.8[b,j]	63.7±2.9
EYH-MC1,500+glycerol	10.2±1.0	64.1±2.7
EYH-MC15+acetamide	11.4±3.1[b]	57.8±8.9
EYH-MC400+acetamide	7.7±0.8[e]	59.3±4.7
EYH-MC1,500+acetamide	13.1±4.8[b]	62.1±3.5
EYH-acetamide+raffinose	10.6±0.8[b]	58.9±0.5
EYH-acetamide+trehalose	11.9±1.9[b]	60.2±2.8
EYH-acetamide+raffinose+glycerol	14.1±4.8[b]	60.3±9.6
EYH-acetamide+glycerol+trehalose	14.0±1.5[b]	56.1±2.7
EYH-MC15+acetamide+trehalose	18.2±0.9[b,d,h,l]	60.9±4.9
EYH-MC400+acetamide+trehalose	12.6±2.6[a,f]	63.8±0.7
EYH-MC1,500+acetamide+trehalose	18.1±8.1[b,d,j,l]	65.5±2.1

[a,b;c,d;e,f;g,h;i,j;k,l] Mean±SE with different superscripts in the same column are significantly different($P<0.05$).

acetamide는 정자세포 내의 자유수 탈수를 조절하는 것으로 동결에 의한 충격으로부터 보호하는 것으로 생각되며, 이러한 물질을 각각 첨가하는 것보다도 세포막 불투과성과 투과성의 물질을 혼합하여 첨가하는 것이 정자의 생존율에 있어서 유리한 것으로 생각된다. 양과 닭 정자의 동결에 있어서 methyl cellulose를 첨가하는 것에 의해서 정자의 생존율에 있어서 유의한 효과가 있다고 보고하였다(Schmehl 등. 1986, Phillips 등. 1996). Dalimata 와 Graham(1997)도 토끼정자에 있어서 불투과성 물질인 methyl cellulose와 trehalose를 세포막 투과성 물질인 acetamide가 첨가된 희석액에 첨가하는 것이 trehalose 또는 methyl cellulose를 단독으로 첨가하

는 것보다 융해 후의 생존율이 높았다고 처음으로 보고하였으며, 이는 徐와 金(2000) 실험의 결과와 비슷하였다. 특히 세포막 불투과성 물질을 단독으로 첨가하는 경우, 생존율이 투과성 물질을 단독으로 첨가하는 것보다 저하되는 경향이 인정되어, 불투과성 물질을 첨가할 때에는 반드시 투과성 물질과 함께 조합으로 하여 첨가하는 것이 토끼정자의 동결융해 과정 중에 일어나는 충격으로부터 정자를 보호하는 효과가 상승되는 것으로 생각된다.

3) 인공수정

정액의 주입에는 $2.0 \times 10^6 \sim 5.0 \times 10^6$의 정자를 함유한 정자현탁액 0.3~0.7㎖를 사용하지 않으면 안 된다. 높은 수정률을 얻기 위해서는 100만의 정자가 필요하다. Wales 등은 Ca을 함유하지 않은 Krebs Ringer Phosphate solution으로 정액을 1 : 10,000의 비율로 희석해서 새끼를 얻는 데에 성공했다.

정액의 주입관은 직경 6~7mm, 길이 15~20cm의 고무 또는 연한 플라스틱 혹은 가는 유리관으로 만든다. 주입 방법은 암토끼의 복부를 고정하고 주입관을 질 내에 삽입해서 정액을 자궁경 부근에 주입한다. 개복수술을 해서 정액을 자궁 혹은 난관에 주입할 수도 있다. 복강 내 수정은 배란 12~16시간 전에 실시할 수도 있다. 20번 주사침을 사용해서 정액을 복강 내에 주입한다.

자연교미 대신에 인공수정을 실시하는 경우에는 배란이 유기 되도록 암토끼를 자극하지 않으면 안 된다. 이를 위해서 정관을 절제한 수토끼와 교미시켜 두는 것이 좋지만, 이 방법이 아직 까지 완전한 것으로 판명되지는 않았다. hCG 20~25 IU를 인공수정 전 5시간부터 인공수정 후 수 시간 사이에 정맥주사해서 배란자극을 유발하는 방법도 있다. 주사하는 장소는 귀 정맥이 편리하다. 같은 일령의 새끼를 많이 얻기 위한 목적으로 같은 날에 여러 마리의 암토끼에 인공수정을 실시한다.

徐 등(2001)의 연구에 의하면, 동결정액을 이용한 인공수정에서 가장 적합한 정액주입시기를 결정하기 위해서 hCG를 투여하고, hCG의 투여직후(A군, 15두) 및 투여 후 10시간(B군, 15두)에 동결정액을 융해하여 직접 양쪽자궁에 0.25㎖(7×10^6/ sperm) 씩 주입하고 30일 후에 태어난 산자수를 확인하였다.

Barrier 시설 중에서 번식하여 성숙한 생후 18주령의 암컷에 hCG를 이정맥에 주사하여 배란을 유기시킨 다음 37℃로 융해한 동결정액을 hCG 주사직 후(A군) 및

10시간 후(B군)에 주입하여 인공수정을 시킨 결과, A군은 14마리(93.3%)가 99마리(평균 7.1마리)의 새끼를 분만하였으나, B 군은 6마리(40.0%)가 30마리(평균 5.0마리)의 새끼를 생산하여 배란유기 직후에 인공수정을 시킨 A군이 B군에 비하여 임신율과 평균산자수에 있어 유의하게 높으며, Chen 등(1989)이 보고한 결과와 유사하였으나 평균산자수에서는 6.5마리에 비하여 7.1마리로 약간 높게 나타났다. 이러한 결과는 배란된 난자가 수정부위에 도달하기 전에 수정능을 획득한 정자가 도착하여 배란된 난자와 바로 수정되는 것이 퇴행되는 난자의 비율이 감소되어 수정된 난자율이 증가하게 되며, 또한 동결한 정액은 자성생식기 내에서의 생존시간이 짧아 배란되는 난자를 수정부위에서 기다리는 것보다 수정부위에 도착하여 곧바로 수정되는 것이 유리한 것으로 생각된다. 한편 토끼에서의 배란은 자연 상태에서는 교미자극이 있는 후 약 10시간에 일어나는 것으로 보아도 이러한 설명이 적합한 것으로 판단된다. 따라서 동결정액을 이용한 인공수정의 경우는 배란을 유기하는 것과 동시에 수정을 하는 것이 높은 수태율과 평균산자수가 증가시킬 수 있다.

4. 수태율

인공수정에 의한 수태율(comception rate)이나 산자수(litter size)는 자연교미에 의한 것과 별 차이가 없다. 정액이 함유한 총 정자수에 차이가 없다면, 몇 마리의 수토끼로부터 정액을 혼합한 것을 인공수정에 사용하는 쪽이 효과적이라는 Beaty의 실험결과가 있다. 암토끼가 성적 수용태세에 있을 때 질내 혹은 자궁 내 주입하드라도 상관은 없으나 수태율은 질 내 주입 쪽이 자궁 내 주입보다 낮다. LH를 반복 주사하는 것은 항체생산을 촉진하여 수태율을 저하시킨다. 이 저하를 피하기 위해서는 LH와는 다른 약제로 대용하든가 정관 절제한 수토끼로 교미시켜 암토끼의 수정태세를 촉진시키는 것이 좋다.

5. 임 신

1) 임신기간

임신기간(gestation period)은 31~32일이지만 계절적으로 다소 변화하는 것으로 생각되어진다.

2) 토끼 수정란의 초기발생

배란(교미 후 시간)	10 ~ 13
수정(교미 후 시간)	1 ~ 3
2 세포기(교미 후 시간)	21 ~ 26
4 세포기	25 ~ 34
8 세포기	32 ~ 42
16 세포기	40 ~ 52
상실기	48 ~ 75
포배형성기	75 ~ 96
자궁에의 도달	70 ~ 80
착상(일)	6 ~ 7일

3) 수태확인

교배를 한 후 이틀이 지난 다음 암토끼를 수토끼장에 넣어보면 수토끼가 발정해서 곧 암토끼에게 덤빈다. 그때 암토끼가 「끼익 끼익」소리를 지르며 피해다니면 이것은 이미 수태를 한 것이라고 인정해도 좋다.

(1) 촉진법에 의한 임신 확인

- 시기 : 교배 후 10일경
- 방법 : ① 먼저 암토끼를 붙잡고 정면으로 마주보게 한 다음 왼손으로 양쪽 귀밑을 쥐고 토끼가 움직이지 못하게 한다.
  ② 바른 손으로 토끼의 왼쪽 배에서부터 가만히 더듬어 올라가 한복판에 이르렀을 때 정중앙선을 손가락 끝으로 크게 잡아보는 형식으로 하면 방울같은 것이 줄줄이 붙어 있는 것을 느낄 수 있다.
- 주의점 : ① 교미 후 10일쯤 지나서 할 것
  ② 공복시 행할 것
  ③ 매우 조심하여 다룰 것
  ④ 토끼 똥과 태아를 혼돈하지 말 것
- 판정 : 임신 10일경 – 콩알

임신 15일경 - 엄지 끝
임신 20일경 - 호두 알
임신 25일경 - 계란크기

4) 가임신(위임신)

가짜 임신, 즉 가임신(Pseudopregnancy)은 수정능력을 잃은 수토끼의 교미, 어떤 암토끼가 다른 암토끼의 등에 타기도 하고 승가를 당하는 행위로써 성적흥분을 일으킨다거나 또는 LH를 주사하는 등의 방법으로서 유발시킬 수 있다. 가임신의 상태는 보통 16~17일 지속한다. 이 동안 이 상태에 있는 암토끼는 수태하지 않는다. 18~22일째를 지나면 이 상태의 암토끼는 털을 뽑아 자리깃를 만든다. 가임신 상태를 벗어난 암토끼는 정상적인 번식능력을 회복한다. 유선의 발달, 생식기에 나타나는 변화는 가임신 10일째 경에 최고로 현저하고 15일경부터 이들의 기관이 퇴축되기 시작하여 18일경에 황체가 소실되어 자궁의 크기도 임신이 안된 암토끼에 나타나는 정상의 크기에 가깝게 된다. 가임신 상태에 있는 사이 유선의 발달은 자궁의 자극에 의한 것이 아니고 난소의 자극에 의한 것일 것이라고 Asdell & Salisburt가 보고했다. LTH의 작용을 받은 황체는 progesterone을 분비하고, 자궁이나 유선의 발달을 촉진시킨다.

예방책 ① 성숙한 암토끼를 늘 격리 수용하며, 새끼를 떼고는 바로 교배한다.
② 교배 후 5시간 이내에 재 교배한다.

6. 분 만

임신한 토끼는 대개 분만전 3~4일경에 배와 가슴에서 뽑은 털과 자리깃으로 새끼를 수용할 보금자리를 꾸민다. 그러므로 분만 5~6일 전에 분만할 상자에 부드럽고 깨끗한 자리깃을 충분히 넣어주어야 한다. 분만용 보금자리, 즉 영소를 하지 않는 태만한 놈이 있는데 이를 때에는 관리자가 보금자리를 넣어주어야 한다.

분만은 낮에 할 때도 있으나 대개는 이른 아침에 한다. 분만은 30분 안팎이면 끝난다. 그러나 때로는 3~4일이나 걸렸다는 기록도 있다. 분만 때 또는 직후에 어미토끼가 몹시 조갈을 느끼므로 분만에 즈음하여 물 또는 우유를 충분히 주어야 한다.

일반적으로 분만은 이른 아침에 행해졌다. Sawin은 전체 분만토의 68%가 오전 5시부터 오후 1시 사이에 행해지며, 오후 9시부터 오전 5시 사이의 분만은 6%에 지나지 않았다는 것을 보고했다. 두위와 미위는 함께 정상태위였다. 분만 소요시간은 30분 이하 였다. 각 신생자가 수시간 간격 또는 극단적인 예로, 하루간격으로 태어나는 것도 때때로 있다. 첫 번째 새끼가 태어나고부터 마지막 새끼가 태어나기까지 최장기간은 3일 이하이다. 35일 이상 모체 내에 남아 있는 태아는 죽는다. 만약 죽은 태아를 끄집어 내지 않고 방치해두면 그 후 임신에 악영향을 미치기 때문에, 이와 같은 모토에 뇌하수체 후엽 호르몬의 일종인 분만 촉진제(Oxytocin)을 사용하지 않으면 안 된다.

새끼가 태어나면 모토는 태반과 태막을 먹어버리고, 탯줄을 물어서 끊어버리지만, 이러한 행위는 쥐 등의 것과 거의 같다.

1) 영소행동(Nest box behavior)

분만 수일전이 되면 어미토끼는 준비된 건초, 볏짚, 나무껍질 혹은 그들이 준비한 영소재료를 모아서 분만상자로 운반한다. 이들 재료로 만들어진 소는 자연상태에서는 토끼굴에 해당한다. 어미토끼는 자신의 체모를 뽑아서 이것을 준비해 둔 영소재료와 혼합해서 분만용 소를 만든다. 새끼를 수용하기 위해 소 중앙에 얕은 웅덩이를 만든다. 이상 행동으로 소를 만들지 않든가, 소 외에 분만하는 것 또는 여기저기에 새끼를 놓는 것 등이 있다.

영소행동은 임신, 위임신, 호르몬 처리 상태시에 한한다. 소의 상태는 초산부터 3산에 걸쳐서 점차로 개선되어 4산이 되면 완전한 형태를 갖춘다. 소를 잘 준비하는 어미토끼가 태아를 잘 포육하고 태아를 물어 죽이는 등의 이상한 행동을 일으키는 빈도가 낮다.

2) 후분만 촉진법

보통 포유토를 이유하는 6~8주째 되어서 어미토끼를 다음 번식에 이용하지만, 분만직후 어미토끼를 교배시키는 방법이 있다. 분만직후에 갓난 토끼를 어미토끼로부터 분리하면 다음 임신을 위한 어미토끼의 성적 수용은 적어도 36일간은 계속된다. 산후 성적 수용성의 강도는 어미토끼의 비유강약에 따라 변한다. Hammond

& Marshall은 어미토끼의 전부가 분만 후에 교미하지만 그 71%는 분만 후 4일째에 24%가 8일째에 교미하고, 11%의 어미토끼가 분만 후 12일째에 교미하는 것으로 보고하고 있다. 이 시점을 지나면 새끼들이 스스로 사료를 먹을 때까지, 즉 50~60 일령에 될 때까지 어미토끼는 교미를 계속 거절한다. 유선이 활성을 나타내고 있는 사이에는 어미토끼의 성적허용성은 없어진다. 분만한 새끼들이 1~2두 정도의 적은 산자수가 아닌 한, 분만 후 8일째 보다 빨리 교미시키면 수유 중의 어미토끼 수태율이 저하하기 때문에 복당산자수(litter size)와 교미횟수와의 사이에는 부의 상관을 나타내준다. 수유 중일 때는 난소나 난포의 활동이 미약하며 황체도 퇴축하며, 뇌하수체 전엽에서 분비되는 생식선 자극 호르몬인 FSH의 분비도 저하한다. 이 결과로 임신 율의 저하를 초래한다. 따라서 가속 교배법을 이용해 보다 많은 새끼를 얻을 수가 있다.

표 5-6. 분만 월별 평균 동복 산자수

월	분만복수	평균산자수	월	분만복수	평균산자수
1	246	7.52	7	196	7.51
2	191	8.07	8	212	6.97
3	235	7.65	9	170	6.49
4	199	7.75	10	183	7.45
5	209	7.46	11	214	7.22
6	206	7.30	12	186	7.17
총분만복수	2,447		평균산자수	7.39	

3) 식자벽의 원인

① 환경 또는 영양조건이 좋지 못한 경우 안정을 잃거나 청초사료 또는 물 부족이나 비타민 B 부족이 그 원인

② 선천적인 경우 : 유전적으로 그럴 적이 있으므로 그런 것은 처분하는 것이 좋다.

4) 어린 토끼의 자웅 감별법

① 외부생식기 형에 의한 방법

대상 어린 토끼를 왼손으로 보정하고 오른손 검지와 중지사이에 꼬리를 끼우고 뒤로 젖히면서 엄지손으로 국부 언저리를 지긋이 누를 때의 국부상태에 의하여 암수를 구별한다. 수컷의 것은 원통형으로 통겨지되 그 끝 구멍이 동그랗고 암컷의 것은 길쭉하게 퉁겨지되 그 가운데가 길죽하게 째졌다.

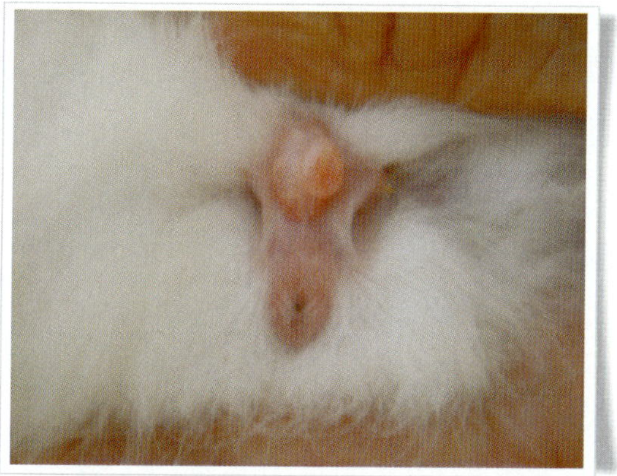

사진 5-2. 수토끼 생식기

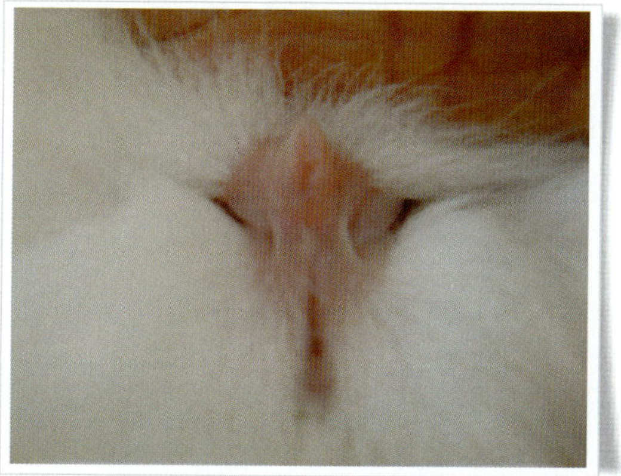

사진 5-3. 암토끼 생식기

② 국부와 항문간의 거리에 의한 방법

국부와 항문간의 거리가 1.2mm 이상의 것은 수컷이고 그 이하의 것은 암컷이다.

③ 협막과 음낭 유무에 의한 방법

수컷은 국부 조금 위 좌우에 피부가 약간 부풀거나 쭈굴 쭈굴한 부분이 있는데 이는 장차 음낭이 될 부분이다 그리고 이부분 좀 위쪽 정중선 가까이 좌우 한 쌍의 유백색 반점이 있는데 이것이 바로 장차 정소를 보호할 협막이다.

④ 복부 피하지방층 상태에 의한 방법

복부피하지방층의 말단이 협막 좀 위쪽에 있는 것은 수컷이고 그 말단이 국부에까지 뻗은 것은 암컷이다.

7. 비 유

1) 유 선

유선은 지방조직 내에 분포하고 흉부 부군에서 서경 부근에 걸쳐서 복부외측에 병열한다. 유두의 수는 보통 8개이고 임신기 최후 1주간에 급속하게 발달한다. 모유의 분비개시는 분만직후까지 연장되어지는 것이 보통이지만 프로락틴 주사로 촉진시킬 수 있다. 평균 비유량은 초산시에 160~200g이지만 경산 시에는 170~220g까지 증가한다. 최고 비유량은 분만 후 2주째에 나타내지만 다음 주까지 계속된다. 4주부터는 떨어진다. 따라서 어미토끼는 2~4주간 새끼를 수유시킬 수 있다. 비유량과 그 지속기간은 사료, 포유자토의 수나 유전적 요소에 지배된다. 높은 비유성은 번식개체의 선발을 위해 필요한 조건의 하나이다.

토끼유는 우유보다 영양이 풍부해 12.3% 단백질, 13.1% 지방, 1.8% 유당과

표 5-7. 집토끼의 유두수 (단위 : %)

품 종	6개	7개	8개	9개	10개
벨지안	0	4.2	50.0	33.0	12.5
뉴질랜드화이트	2.8	2.8	42.9	22.9	28.5
앙고라	0	2.3	58.1	25.6	14.0

2.3%의 무기물을 함유하고 있다. 새끼의 21일령 체중은 간혹 어미토끼의 비유량의 지표로 채택되어진다. 그러나 8주령 체중이 되면 이미 어미토끼의 비유량과는 관계 없다. 이 때의 새끼는 그 섭취량의 약 90%까지를 식물성 단백질로 채운다.

2) 수유시간과 횟수

Seton은 집토끼와 산토끼가 모두 1일에 1회밖에 포유하지 않은 것으로 이야기하지만 그의 소견은 실험적 근거에 의한 것은 아니다. Zarow 등은 Dutch 종의 어미토끼를 사용해서 어미토끼가 새끼와 자유롭게 접촉시킨 구와 1일 1회만 접촉할 수 있도록 한 구 및 1일 2회 접촉할 수 있는 구의 세 실험구로 설계해서 그 수유횟수를 관찰했다. 그 결과에 의하면 어미토끼는 1일 1회밖에 수유하지 않으며, 어미토끼가 새끼와 함께 소비하는 시간은 2.7~4.5분 사이로서 수유가 끝나면 어미토끼는 바로 소상에서 나간다. 수유는 보통 이른 아침에 행해지고 야간에는 수유하지 않는다.

집토끼가 1일 1회 밖에 수유하지 않는다는 관찰은 2~4시간마다 급이시키도록 하는 발육초기의 인공포육법과는 서로 모순이다. 적합한 사료를 급여하면 1일 1회의 급여방식으로도 무관할 것이다. 포유토의 최초 1주간 급여하는 우유에 Ca : 카제인 = 1 : 20의 비율로 첨가하면 사료의 단백질 함량을 높이는 방법으로 취할 수 있을 것이다. 새끼가 신선한 사료를 자신 스스로 채식할 수 있는 3주령까지는 인공 급이량을 증가할 필요가 있다.

3) 탐색행동(retrieving)

새끼를 찾아서 데리고 다니는 탐색행동은 대부분의 포유동물에서 일반적으로 볼 수 있는 행동이다. 그러나 집토끼는 이러한 행동을 하지 않는다. 통상 새끼들은 그들의 외적을 피하기 위해 보금자리 깊은 곳에 숨겨져 있어 이곳에서 나오는 것은 쉽지 않다. 어미 토끼는 극히 단시간 1일 1회 그의 보금자리를 찾아가 잠깐 동안 수유한다.

제 6 장 영양 및 요구량

제 1 절 영양소

1. 단백질

단백질은 모든 동물의 근육, 신경, 피부, 털 등을 구성하는 주성분일 뿐만 아니라 효소, 호르몬, 면역체 등을 구성하는 가장 중요한 요소로서 단백질의 공급 없이는 생명체는 유지될 수 없기 때문에 생명체의 기본물질이기도 하다.

화학적으로는 단백질의 구조는 대단히 복잡한 구조로 되어 있는 유기화합물이지만 구성원소 중에는 평균 16%의 질소를 함유하고 있으며 탄수화물이나 지방으로부터 단백질을 구성하는 질소를 공급할 수 없기 때문에 단백질은 단백질로만으로 공급되어야 한다. 단백질은 아미노산이라고 부르는 기본단위로 구성되어 있다. 식물계에는 300종 이상의 다른 아미노산이 밝혀진 반면에, 동물조직에는 단지 약 20종이 중요하다. 각 동물과 동물의 조직은 특징적인 구조의 단백질을 갖고 있으며, 이 구조는 단백질에 포함되어있는 아미노산에 의해 그리고 그들의 결합되는 순서에 의해 결정되어진다. 어떤 단백질은 특별히 어떤 아미노산이 풍부하다, 예를 들면 털은 유황이 함유된 시스틴이 아주 높다.

어떤 동물은 그들의 먹이에 특별한 아미노산을 요구한다. 단위동물, 즉 돼지, 닭 그리고 비 반추 초식가축인 토끼는 그들의 사료에 아미노산이 포함되어야 한다. 반추동물인 소와 양은 그들의 사료에 아미노산이 필요하지 않다. 그 이유는 반추위인 제 1위에서 박테리아에 의해 아미노산이 만들어지기 때문이다. 체내에서 단백질 합성재료로 사용되는 20여종의 아미노산 중 체내에서 쉽게 사용할 수 있는 아미노산이 있는가하면 체내에서 쉽게 충분히 합성할 수 없어서 반드시 사료로부터 공급받아야 하는 아미노산이 있는데 이런 아미노산을 필수아미노산이라고 하며, 토끼에 필요한 필수아미노산은 10종이며, 이들은 알지닌(Arginine), 히스티딘(Histidine),

이소루신(Isoleucine), 루신(Leucine), 트립토판(Tryptophan), 라이신(Lysine), 메티오닌(Methionine), 페닐알아닌(Phenylalanine), 트레오닌(Threonine), 발린(Valine)이다.

이 중 라이신과 메티오닌은 토끼 먹이에 가장 부족되기 쉬운 것이다. 곡류에는 이들 아미노산이 낮게 함유되어 있기 때문에 사료배합시 단백질의 양만을 생각하지 말고 필수아미노산이 적절하게 포함되도록 하여야 한다.

곡류는 단백질의 양이 적고 그 질이 떨어지기 때문에 별도로 단백질을 보충해주어야 한다. 토끼에서 사용되는 주요 단백질보충제는 대두분이며, 그 외 면실 분(cottonseed meal), 아마씨 분(linseed meal), 해바리기 분(sunflower meal) 등도 사용된다. 알팔파 밀과 다른 목초도 역시 좋은 단백질 급원이다.

2. 탄수화물

탄수화물은 C, H 그리고 O로 구성되어 있다. 이들을 식물에서 태양에너지를 이용하여 CO_2와 물로 합성된다. 이 과정을 광합성이라고 부른다.

가장 단순한 탄수화물은 글루코오스(glucose)이다. 토끼 먹이에서 가장 중요한 탄수화물은 전분(starch)과 셀룰로오스(cellulose)이다. 전분은 곡류와 구근류에 있으며, 동물에 의해 쉽게 소화되며 대부분 비반추 동물의 주요한 에너지 급원이다. 셀룰로오스는 식물의 구조 성분으로 식물 섬유의 주요 성분이다. 셀룰로오스를 에너지로 이용할 수 있는 동물은 소화 장관 내에 박테리아를 갖고 있는 동물로 소와 양이며, 이들은 제 1위에 풍부한 박테리아를 갖고 있다. 이들 동물은 건초, 볏짚 그리고 다른 목초들에서 박테리아를 이용하여 이들을 소화시켜 에너지를 얻을 수 있다. 후장에 박테리아가 있는 토끼도 적은 양의 셀루로오스를 소화할 수 있다.

3. 지 방

영양소와 기능면에서 지방은 탄수화물에 비해 약 2.25배나 더 많은 에너지를 생산할 수 있으며, 체세포 구성성분으로서도 대단히 중요한 역할을 하고 있다. 만약 지방의 공급이 충분하지 못하면 성장률이나 번식성적이 저하된다.

지방은 동물성 지방과 식물성 지방으로 구분되는데 어느 지방이든 간에 화학적으로 지방산(fatty acid)과 글리세롤(glycerol)로 구성되어 있다. 지방산은 수소로 완전히 포화된 포화지방산과 더 많은 수소와 결합할 수 있는 불포화지방산이 있다. 불포화지방산은 가수분해에 의해 포화형태로 변경될 수 있다. 반추위에서 이런 작용이 일어나며, 그래서 소와 양의 지방은 필수 지방산이 높다. 토끼의 후장에서는 가수분해가 일어나지 않기 때문에 토끼 고기지방은 포화 형태가 아니다.

콜레스테롤은 인간 건강에 중요하며, 동맥경화를 형성하는 침전물의 성분이다. 토끼들은 아주 쉽게 동맥경화가 되기 때문에 이 질병의 연구에 실험동물로 널리 사용되고 있다. 알팔파는 조직 콜레스테롤을 감소시키는 물질(사포닌)을 함유하고 있고, 대부분의 토끼 사료에는 알팔파가 포함되어 있기 때문에 토끼 고기는 콜레스테롤이 낮다.

4. 미네랄

동물의 몸을 구성하는 원소는 약 20 여종이며, 이 중에서 C,H,O,N을 제외한 나머지 원소들을 무기원소라고 하는데 이들 무기원소로 구성된 영양소가 미네랄이다.

미네랄은 모든 동물체 내에 약 2~5% 정도로 적은 양이 함유되어 있지만 골격을 형성하고 체액의 산, 염기의 균형유지, 삼투압 조절, 세포막 내로의 영양소의 투과성 조절, 신경과 근육의 자극 전달매개, 각종 효소의 활성제 등 생리적으로 대단히 중요한 기능을 하고 있다.

1) 칼슘과 인(Ca, Calcium과 P, Phosphorus)

Ca와 P은 뼈와 치아의 형성에 아주 중요하다. 토끼는 칼슘대사에 아주 비정상적이다. 토끼는 아주 효과적으로 칼슘을 흡수하고 과잉분은 오줌으로 배출한다. 토끼의 오줌에서 분필가루 같이 하얀 침전물이 이것으로 생각된다. 알팔파 같이 두과식물은 풍부한 칼슘 공급원이고, 곡류는 칼슘은 아주 낮고 인은 아주 높다. 곡류와 알팔파의 조합이 보상작용이 되어 일반적으로 칼슘과 인의 요구량에 부합한다.

비타민 D는 대부분의 동물에서 칼슘 흡수의 조절과 골격 대사의 기능을 갖고 있다. 토끼에서 칼슘 흡수를 조절하는데 비타민 D의 중요성은 아직 명확하지 않다.

2) 마그네슘(Mg, Magnesium)

Mg은 뼈를 구성하는 성분이고, 효소계의 보조인자로서 그리고 신경자극 전달체로서 중요하다.

털을 씹는 토끼에게 사료 톤당 5 파운드의 Magnesium oxide를 첨가할 때 좋은 반응을 보였다는 보고가 있다.

3) 나트륨(Na, Sodium), 칼륨(K, Potassium) 그리고 염소(Cl, Chloride)

이들 원소는 주로 혈액 내에서 산, 염기의 평형과 삼투압을 조절하는 기능을 한다. Na은 주로 세포의 바깥 체액에 있으나 K는 세포 내에 있다. K은 주로 알팔파와 같은 두과식물에 풍부하며, 곡류에도 역시 풍부하게 들어 있어 토끼에게는 결핍현상이 없다. Na과 Cl의 공급제로는 보통 소금이 가장 많이 사용되고 있다. 소금의 최소 요구량에 대한 급여기준은 없으나 보통의 토끼사료에는 약 0.5%의 소금이 첨가되면 된다. 장염이 생겼을 때 이들 원소들이 장을 통해 배출되어 체액의 균형을 잃게 된다 그 결과 탈수현상이 일어나고 결국에는 죽고 만다.

시판용 배합사료에는 소금이 적절하게 배합되어 있으므로 별도의 소금을 첨가할 필요가 없으나, 토끼를 주로 풀 사료만으로 키울 때에는 소금을 줄 필요가 있다.

4) 철(Fe, Iron)

철은 적혈구 세포의 혈색소인 헤모글로빈과 에너지 대사의 기능을 가진 여러 유기분자의 주 성분이다. 헤모글로빈의 기능은 혈액 내에서 산소전달이다. 철의 결핍은 헤모글로빈의 형성을 감소시켜 빈혈을 일으킨다. 대부분의 토끼사료에는 철이 적절하게 포함되어 있어 결핍증상이 일어나지 않는다.

5) 구리(Cu, Copper)

구리는 철 대사에 밀접하게 관계하고 있다. 구리 결핍은 철 이용을 방해하여 빈혈을 유발시킨다. 구리는 역시 여러 효소들의 보조인자(cofactor)이다. 구리 결핍의 특징은 검은 털의 회색화이다. 이는 구리가 멜라닌(검은 색소 호르몬) 합성에 관여하기 때문이다.

6) 망간(Mn, Manganese)

망간결핍은 골격계의 기형, 즉 부서지기 쉬운 뼈, 구부러진 다리와 뼈의 회분 양의 감소 등을 일으킨다. 대부분의 토끼사료에는 망간이 적절하게 포함되어 있어 결핍증상이 일어나지 않는다.

7) 아연(Zn, Zinc)

아연이 결핍된 사료로 사육된 암토끼는 번식력이 떨어졌으며, 털의 손상과 피부염이 관찰되었다.

8) 요오드(I, Iodine)

요오드는 갑상선 호르몬인 사이록신(thyroxin)의 구성성분이다. 요오드의 결핍시에 목에 있는 갑상선은 더 많은 사이록신을 생산하기 위해 확대되며, 이를 갑상선종(goiter)이라 한다. 토끼 사료에 반드시 요오드화된 식염을 첨가하여야 한다.

9) 셀레늄(Se, Selenium)

셀레늄은 비타민 E와 상호작용을 하는 중요한 무기물이다. 토끼에서 셀레늄 결핍증상이 아직 보고된 바는 없으므로 요구되는 영양소는 아니다.

5. 비타민

비타민은 탄수화물, 지방, 단백질과 같은 유기화합물로 구성되어 있지만 이들 영양소와는 기능면에서 전혀 다른 영양소이다. 체내에 필요한 비타민의 양은 비록 소량이지만 정상적인 생명유지와 생산활동을 위해서는 반드시 필요한 유기영양소이며, 각각의 비타민은 고유한 생리현상을 조절하게 되는데 비타민의 공급량이 부족하면 특유의 비타민 결핍증이 발생하게 된다.

비타민의 중요한 기능들을 요약하면 다음과 같다.

㉮ 번식, 골격형성, 시력 등 동물의 고유한 생리현상을 조절한다.

㉯ 대사작용에 필요한 조효소의 구성성분으로서 특히 에너지 대사에 관여한다.

㉰ 여러 가지 영양소의 이용성을 높혀 준다.

㉣ 비타민의 결핍에 의해 발생되는 피부병, 빈혈증, 신경의 이상증세, 근육위축병 등 비타민 결핍에 의한 고유한 질병을 예방한다.

㉤ 일부 비타민은 항산화제로서 작용하기 때문에 영양소의 산화작용을 막아준다.

㉥ 가축의 성장률, 번식효율, 사료효율 등을 개선시켜 생산성을 높혀 준다.

위와 같은 중요한 생리작용 때문에 가축의 비타민 공급원으로는 옛날에는 풀, 간유, 효모, 쌀겨, 배아 등 자연사료에 함유된 비타민만으로 사용되었으나, 가축의 생산능력의 향상, 비타민 요구량의 증가 등으로 요즈음에는 대부분 합성비타민제를 많이 첨가 사용하고 있다.

비타민에는 약 14종의 비타민이 있으나, 이들은 지용성 비타민(Fat-soluble Vitamins)과 수용성 비타민(Water-soluble Vitamins)으로 크게 구분된다. 비타민 A, D, E, K 등은 지용성 비타민으로 이들은 주로 사료의 지방과 함께 섭취되므로 지방의 공급이 부족하면 지용성 비타민의 결핍증이 발생될 수 있으며 상당한 양이 체내에서도 저장될 수 있다. 지용성 비타민은 너무 많이 급여하면 오히려 비타민 중독증에 걸릴 우려가 있고, 배설은 주로 분에 포함되어 일어난다.

수용성 비타민은 비타민 B군과 C가 있는데, 이들 수용성 비타민은 지용성 비타민에 비해 체내 축적량이 훨씬 적으므로 더 자주 많이 공급해 주어야 하며, 만약 부족하면 피부병, 각약증, 빈혈증 등의 원인이 되며 주로 탄수화물, 지방, 단백질의 대사작용에 필요한 조효소의 구성성분으로 이용된다. 수용성 비타민은 주로 오줌으로 배설된다.

비타민 중에서도 어떤 비타민은 동물의 체내에서 합성이 가능하다. 비타민 D는 햇빛에 의해 피부에서 합성되며, 소화관 내의 미생물에 의해서는 엽산, 바이오틴, 비타민 K 등은 합성이 가능하며 대부분의 동물에서 비타민 C는 체내에서 합성된다.

1) 지용성 비타민

(1) 비타민 A

대부분의 동물은 식물체에 함유된 비타민 A의 전구물질인 캐로틴(carotene)을 섭취하면 체내에서 비타민 A로 전환시킬 수 있기 때문에 캐로틴은 비타민 A의 좋은 공급원이다. 비타민 A는 모든 조직 특히 피부, 소화관 그리고 번식도관의 상피조직의 발육과 유지에 필요하다. 비타민 A의 결핍증상은 식욕부진, 성장 지장, 시력감퇴, 야맹증, 번식장애, 피부의 각질화 현상을 들을 수 있다. 토끼에서 흥미로운 결핍증상은 귀의 하수(ears droop)이다. 비타민 A는 연골(cartilage) 형성에 필요하다. 그래서 결핍이 일어나면 연골 형성이 부족하여 귀의 무게를 견디지 못하고 아래로 쳐진다. 비타민 A는 특히 열이나 햇빛에 약하며, 공기, 무기물, 산패된 지방과 접촉하면 쉽게 파괴되기 때문에 사료의 가공과 저장 시 비타민 A의 활력이 저하된다.

비타민 A를 너무 많이 급여하면 과다증상이 나타난다. 과다 급여시 오히려 식욕이 떨어지고, 뼈 형성 이상, 피부의 감각 과민현상, 안구 돌출증, 모피 손실현상이 생긴다.

(2) 비타민 D

비타민 D의 주요 기능은 칼슘흡수의 조절이다. 대부분의 동물에 있어서 장에서 흡수되는 칼슘의 양은 장벽에서 혈액으로 칼슘을 전달하는 "칼슘결합단백질(calcium binding protein)"에 의해 통제된다. 칼슘결합단백질의 활성과 칼슘 흡수량은 비타민 D에 의해 조절된다. 토끼는 이와 관련 없이 효과적으로 칼슘을 흡수한다. 따라서 토끼의 대사작용에 비타민 D의 역할은 불분명하다.

(3) 비타민 E

α-토코페롤이라고 부르는 이 비타민은 대사와 기능에서 셀레늄과 밀접하게 연결되어 있다. 이들 영양소는 대사과정에서 만들어진 독성 과산화물(peroxides)에 의해 파괴되는 조직을 보호하는 기능을 갖고 있다. 비타민 E는 과산화물 생성을 억제하는 항산화제로서의 역할을 한다. 셀레늄은 glutathione peroxidase 효소의 일부분으로서 독성 과산화물을 해가 없는 물과 같은 물질로 전환시켜준다. 비타민 E나 셀레늄 어느 하나가 부족하면 과산화물의 피해로 조직의 파괴가 일어난다. 이 결과 근육조직 파괴, 불임, 태아 흡수 등이 발생된다. 토끼는 과산화물에 대한 보호를 위해 전적으로 비타민 E에 의존하는 것 같다.

(4) 비타민 K

비타민 K는 혈액응고에 필수적이다. 이 비타민은 장에서 박테리아에 의해 합성되고 토끼의 분식작용(coprophagy)에 의해 섭취할 수 있으므로 토끼에 있어서 비타민 K의 결핍은 일어나지 않는다.

2) 수용성 비타민

(1) 티아민(Thiamine, 비타민 B_1)

비타민 B_1은 탄수화물과 단백질의 대사작용에서 에너지를 발생하는 데 관여하는 조효소의 구성성분으로 작용하는 비타민이다.

비타민 B_1의 결핍증상으로는 식욕부진, 체중감소, 허약, 근육마비 등이 나타난다.

(2) 리보플라빈(Riboflavin, 비타민 B_2)

리보플라빈은 지방산, 아미노산, 탄수화물 대사에 관여하는 조효소의 구성성분으로 중요한 비타민이다.

리보플라빈이 부족하면 성장지연, 사료효율 저하 등이 발생된다.

(3) 피리독신(Pyridoxine, 비타민 B_6)

이 비타민은 단백질 대사의 기능을 한다. 아미노산 대사 과정 중 여러 작용에 필요한 보조인자이다. 전형적인 결핍증상은 경련이다. 토끼에 있어서는 목초와 곡류에 이 비타민이 풍부하고 박테리아에 의해 장에서 합성되기 때문에 결핍이 일어나지 않는다.

(4) 바이오틴(Biotin)

바이오틴은 지방산 대사작용에 대사기능을 갖고 있다. 바이오틴 결핍은 정상적인 털의 착색을 방해한다. 토끼에서 비타민 B는 장내에서 합성되기 때문에 별도로 사료 중에 첨가할 필요가 없다.

(5) 나이아신(Niacin)

나이아신은 탄수화물, 지방, 단백질의 대사작용에 관여하는 조효소의 구성성분으로 대단히 중요한 비타민이다. 특히 아미노산인 트립토판으로부터 합성하여 사용하기 때문에 나이아신이 부족하면 결과적으로 아미노산 부족현상까지 초래할 수 있다.

나이아신 결핍증상의 대표적인 증상은 흑설병이다.

(6) 판토텐산(Pantothenic acid)

이 비타민은 에너지 대사에 필수적이다. 대부분의 비타민과 마찬가지로 식물성 사료에는 많이 들어 있어서 사료로부터 생기는 결핍증상은 없다.

(7) 엽산(Folic Acid)

엽산은 아미노산의 상호 전환과 핵산 합성에 중요한 기능을 한다. 이것의 기능은 비타민 B_{12}의 기능과 밀접하게 관련되어 있다. 엽산이 부족하면 빈혈이 일어난다. 토끼에서 결핍은 알려져 있지 않다.

(8) 비타민 B_{12}

엽산과 같이 비타민 B_{12}는 핵산합성의 기능을 갖고 있다. 비타민 B_{12}는 코발트를 함유하며, 코발트가 존재하는 한에 장 박테리아에 의해 합성되어진다. 그래서 코발트 결핍은 실제로 비타민 B_{12}의 대사의 결핍이다.

(9) 비타민 C

사람, 원숭이, 기니픽 만이 비타민 C를 필요로 한다. 토끼는 조직에서 glucose에서 비티만 C를 합성한다. 따라서 별도로 사료에 첨가할 필요가 없다.

제 2 절 소화생리

토끼는 초식가축이며 비 반추동물이다. 사람과 돼지 같이 단위이며, 말과 기니픽과 같이 큰 맹장(cecum)과 결장(colon)을 갖고 있다. 맹장과 결장(후장, hindgut)에는 박테리아가 자라고 있으며, 이는 마치 소와 양의 반추위와 기능이 비슷하고 이곳에서 소화작용이 일어난다. 반추동물에서는 섭취 필수아미노산의 요구량이 필요치 않다. 왜냐하면 반추위 내에 있는 박테리아가 이들을 합성하기 때문이다. 토끼 후장에서 박테리아의 단백질 합성은 토끼의 단백질 요구량에 거의 기여를 하지 못하며, 그들이 섭취하는 사료 중의 필수아미노산에 의존한다. 토끼는 섬유소를 효율적으로 소화이용하지 못한다. 실제로 토끼의 섬유소 소화율은 다른 동물(돼지와 쥐)에 비해 떨어진다. 소와 토끼는 반추위와 후장에서 적절한 양의 비타민 B를 합성한다.

1. 단백질 소화

단백질은 췌장에서 분비되는 여러 효소들에 의해 소장에서 일차적으로 소화되어진다. 트립신(trypsin)과 시모트립신(chymotrypsin)이 주된 단백질 소화 효소이다. 이 효소들에 의해 사료 중의 단백질은 개개의 아미노산으로 분리되어 혈액으로 흡수되어진다. 이런 과정에서 소화되지 않은 단백질은 소장을 통과하여 후장으로 넘어가고, 후장에 존재하는 박테리아에 의해 아미노산으로 합성된다. 이 박테리아성 단백질은 토끼의 분식성에 의해 이용되어진다.

단위동물과 비교할 때 토끼는 아주 효과적으로 목초에 있는 단백질을 소화한다. 알팔파 밀을 먹은 돼지는 알팔파 단백질의 50% 이하 소화하지만 토끼는 75~80% 소화한다. 이것은 아마 토끼의 분식성이 그 이유일 것이다.

2. 탄수화물 소화

사료 내 탄수화물은 두 가지 형태가 있다. 즉 전분과 당 같이 쉽게 소화되는 것과 셀룰로오스(cellulose)와 헤미셀룰로오스(hemicellulose)와 같이 소화되기 어려운 것이다. 전분은 곡류의 주요 탄수화물이고, 셀룰로오스와 헤미셀룰로오스는 목초의 섬유 부분의 주성분이다.

전분은 췌장에서 분비되는 아미라제(amylase)에 의해 소장에서 소화된다. 아미라제는 전분을 글루코오스(glucose)로 전환시키고, 글루코오스는 혈액으로 흡수되어 토끼의 에너지원으로 이용된다.

사료가 소장을 통과하는 시간이 빨라 소화되지 않은 전분의 상당한 양이 후장에 이르고 여기에서 박테리아에 의해 발효된다. 토끼에 급여되는 곡류의 높은 수준은 후장에 탄수화물의 과부하를 일으킨다. 이러한 많은 전분은 박테리아의 수를 과잉시킨다. 만약에 어떤 독소를 생산하는 미생물이 존재한다면, 장 중독증을 일으키고 죽게 된다.

표 6-1에서 보는 바와 같이 토끼의 섬유 소화율은 다른 동물에 비하여 매우 낮다. 그러면 토끼는 섬유성 먹이를 어떻게 효과적으로 이용하는가? 이에 대한 답은

표 6-1. 여러 동물의 알팔파 건초의 섬유 소화율

동 물	섬유 소화율(%)
젖 소	44
양	45
산 양	41
말	41
돼 지	22
토 끼	14

목초에 있어서 섬유는 20~25%이고 나머지는 다른 영양소이다. 그래서 토끼는 섬유외의 75~80%의 비 섬유부분을 이용한다. 즉 토끼는 목초에서 단백질과 섬유질을 분리하여 섬유질은 배설하고 단백질은 양질의 고기로 전환시키는 생물학적인 방법을 갖고 있다.

섬유가 토끼의 에너지원으로 이용할 수 없지만, 이것은 토끼 먹이에 아주 중요한 성분이다. 먹이 중에 섬유의 비율이 낮으면 장염을 증가시킨다는 많은 연구가 있다. 섬유질이 장벽을 자극하여 장염을 예방하는 특별한 효과가 있어 장을 건강한 상태로 유지한다.

3. 지방 소화

지방은 췌장에서 분비되는 리파제(lipase)라는 효소에 의해 소장에서 소화된다. 담즙(bile) 역시 지방을 유화시켜 장 내용물의 수성 물질로 만든다. 지방은 쉽게 소화되고 25%의 높은 수준까지 먹어도 질병이 일어나지 않는다. 그러나 실제 사료에는 3~5% 수준이 사용된다. 높은 지방 수준은 펠렛의 질을 떨어뜨린다.

4. 미네랄과 비타민 소화

이들 영양소는 이미 직접 흡수할 수 있는 형태로 되어 있기 때문에 소화작용이 필요없다.

5. 분식성(Coprophagy)

분식성이라는 것은 자신이 배설한 분을 섭취하는 것을 말한다. 토끼를 포함한 많은 동물에서 정상적인 행동으로 분식성이 나타난다. 토끼에서 분식성의 영양학적 중요성은 이에 의해 토끼는 비타민 B를 섭취한다는 것이다. 모든 비타민 B군은 후장에서 박테리아에 의해 만들어진다. 따라서 분을 섭취함으로써 비타민 B를 섭취할 수 있다. 이러한 결과로 토끼 사료에는 비타민 B가 포함될 필요가 없다.

토끼는 두 종류의 분을 배설한다. 딱딱하고 둥글고 낮에 배설하는 분(경분)은 대장에서 생산되며, 분식을 하는 분은 맹장에서 생산되며 부드럽고 밤에 배설한 것(연분)이다. 이를 토끼는 항문에서 직접 먹으며, 이 연분은 송이형태로 표면이 젤라틴과 같은 미끄러운 막으로 덮여 있다. 연분이 밤에만 생산하는 것은 아니고 낮에도 생산이 된다.

이 연분은 경분과 비교해서 약 2배의 조단백질과 $\frac{1}{2}$의 섬유질을 함유하고 있다. 맹장에서 합성되는 이 세균성 단백질을 재섭취하는 것에 의해 질소물의 이용성을 높힌다(Thacker & Brandt).

표 6-2. 연분과 경분의 성분 비교

성 분	경분(%)	연분(%)	성 분	경분(%)	연분(%)
조단백	11	35	가용무질소물	41.5	36.5
조지방	4	3.5	회분	8	11
조섬유	35.5	14			

제 3 절 토끼에 필요한 영양소 요구량

30년 이전 집토끼의 표준 사료는 곡류, 식물성 단백질 보충물, 알팔파 건초 혹은 여러 종의 두과 식물로 구성되어 있었다. 현재 집토끼의 사료는 곡류와 건초에 약간의 첨가물을 보충한 영양학적으로 잘 균형잡힌 펠렛형 사료이다.

토끼 사료에 관한 정확한 학설은 아직 없는 실정이다. 이러한 이유는 유지사료, 성장사료 및 번식사료 각각에 관한 영양소 요구량에 관한 지식이 부족하기 때문일 것이다.

영양소 요구량에 관한 자료의 대부분은 개략적인 것이고 구체적인 수치는 제시되어 있지 않다.

표 6-3, 4는 NRC에서 제시한 토끼가 자유 섭취할 시 사료 1kg당에 포함될 영양소의 요구량이다. 표에서 보는 바와 같이 빈 공간이 많으며, 토끼에게 필요는 하지만 그 양이 아직 확정되지 않는 것이 많다. 아직 더 많은 연구가 필요하다. 여기에서 제시된 수치에 꼭 맞게 해야 만 한다는 것은 아니다. 실제로 영양소 요구량을 결정하려면 사료의 섭취량, 운동량, 외기온도 등 다양한 외인적 요인에 따라 차이가 있기 때문에 적절하게 조정해 주어야 한다.

유명한 프랑스 영양학자인 F. Lebas는 표 6-5에 표시된 것처럼 토끼의 영양소 요구량에 비소화성 섬유(indigestible fiber)를 표시하였는데 이것은 장염을 방지하는데 있어서 비소화성섬유소가 중요한 역할을 한다는 그의 연구와 다른 연구룰 기초를 해서 작성하였다.

1. 에너지

모든 가축은 생명을 유지하고 성장과 생산활동을 계속해 나아가기 위해서 계속적으로 에너지를 공급받아야만 한다. 동물은 에너지를 체내에서 합성할 수 없기 때문에 사료를 섭취하여 소화작용을 거친 다음 체내로 영양소를 흡수하여 대사과정을 거치는 동안에 필요한 에너지를 이용하게 된다.

에너지를 표시하는 기본단위는 calorie이며, cal의 1,000배를 Kcal라고 한다. 에너지를 발생할 수 있는 영양소는 탄수화물, 지방, 단백질이며, 체내에서는 탄수화물, 지방, 단백질 1g은 각각 4.1Kcal, 9.5Kcal, 4.5Kcal의 에너지를 발생하며, 지방은 다른 영양소에 비해 2.25배나 더 많은 에너지를 공급하게 된다.

가축에 사용되는 에너지의 표시방법은 가소화에너지(digestible energy, DE), 대사에너지(metaboligable energy, ME), 정미에너지(net energy, NE) 등이 있다.

1) 에너지 요구량

(1) 유지요구량

유지를 위한 에너지 요구량은 토끼의 체중이 증가되거나 감소되지 않는 체중유지를 위해 필요한 에너지 양이다. NRC 사양표준(1977)에서는 가소화 에너지로 사료 1kg당 2,100Kcal를 제시하고, Lebas(1980)는 가소화 에너지로 2,200Kcal를, 대사에너지로 2,120Kcal를 제시하였다.

(2) 성장 및 임신기 요구량

임신기의 에너지 요구량은 어미의 체중유지와 태아의 성장에 필요한 충분한 에너지가 공급되어야 하지만 아직까지 이에 대한 연구결과는 충분하지 않다. NRC 사양표준(1977)과 Lebas(1980)는 성장, 임신기를 가소화에너지로 사료 1kg당 2,500 Kcal, Lebas(1980)는 대사에너지로 2,400Kcal를 제시하였다.

(3) 수유기 요구량

수유중인 어미는 새끼의 정상적인 성장을 위해서는 비유량이 많아야 하며, 젖생산을 위해서는 많은 영양소의 대사가 이루어져야 한다. 분만 후 첫 3주간의 새끼 성장은 어미의 젖으로부터 공급받는 영양소에 의해 결정되기 때문에 충분한 젖 생산을 위한 여분의 에너지 공급은 대단히 중요하다.

NRC 사양표준에서는 가소화에너지로 사료 1kg당 2,500Kcal로 성장 임신기와 동일하게 제시하고 있으며, Lebas는 가소화에너지로 2,700Kcal, 대사에너지로 2,600Kcal를 제시하고 있다.

2) 단백질 요구량

NRC 사양표준에서는 육성기 16%, 유지기 12%, 임신기 15% 그리고 비유기 17%를 권장하고 있다.

오레곤 주립대학 W.K. Sanchez 등 (1985)은 사료 중 조단백질을 건물수준으로 17.5%, 19% 그리고 20.5% 3단계로 발육과 번식성에 미치는 영향을 12개월에 걸쳐서 보았다. 성적이 가장 좋은 구는 19% 단백질 수준이며 그 사료의 영양성분은 건물 92.4%, ADF 23.9%, DE 2,466Kcal/kg이며, 그 중 아미노산의 라이신 함량은

0.89%, 메티오닌+시스틴 0.15%, 알지닌 1.09% 이다.

번식성의 실험결과를 요약하면 조단백질 19%구의 성적은 수태율 92.1%, 분만시 모토체중 4.56kg, 21일령 체중 4.96kg, 28일령 체중 4.92kg, 분만 후 1~21일간의 모자 함께 사료요구율은 4.36이다. 이들 항목 중 유의차가 있는 것은 21일령과 28일령 체중으로 조단백질 17.5%보다 19% 및 20.5% 구 쪽이 좋았다.

이유전 성적을 보면 19%구에서 분만산자수 9.2두 생존분만율 75.6%, 생존 총 생시체중 542g, 21일령 총 자토체중 2.78kg, 21일령 생존자토수 7.85두, 1~21일령 폐사율 6.91%, 동기간의 총 증체량 2.24kg, 28일령 총 자토체중 4.38kg, 생존 자토수 7.72두, 21~28일 폐사율 1.04%, 동기간 총 증체량 1.63kg이었다.

이유 후 성적을 보면 19%구의 28일령 1복두수는 8.50두, 평균체중 0.57kg, 56일령 1복두수 8.41두, 평균체중 1.67kg 평균증체량 39.0g이었다.

유의차가 생긴 사료요구율에서 17.5%구 3.13, 19%구 3.08, 20.5%구 2.88로 20.5%구가 가장 우수했다. 28~56일령 폐사율도 각 구간에 유의차가 있었다. 17.5%구는 2.12%, 19%구는 0.61%, 20.5%구는 5.62%였다.

이상의 여러 검토에서 수유기, 육성기 조단백질 함량으로써 19% 사료가 가장 양호하였다.

3) 지방 요구량

대부분 펠렛형 배합사료의 성분표시는 2~3%의 지방 함량을 제시하고 있지만 집토끼의 지방요구량은 아직 명확하게 규정하고 있지 않다. 실험 연구자에 따라 2~5%를 권장하고 있지만 5.0~25%의 지방을 함유한 사료로 사양시험을 한 결과 10~25%의 높은 지방을 함유한 사료로 급여한 쪽이 5% 지방 함유 사료로 개발한 것보다 증체량이 크다. 또한 사료의 지방 함량이 증가함에 따라 사료의 기호성과 이용성은 증가했지만 고형물, 조단백, 조지방 등의 소화율은 특별히 개선되지 않았다. 집토끼는 현재 제시되고 있는 섭취수준보다 높은 수준의 지방을 이용할 수 있다.

4) 조섬유 요구량

NRC의 조섬유 요구량은 토끼의 생리적 시기에 따라 달라 유지기에는 14%를, 그 외 성장, 임신, 수유 시에는 10~12%를 사료 1kg에 함유되는 것을 권장하고 있다.

Templeton과 Kellogg는 많은 실험의 결과 수유하지 않는 암토끼, 육성토, 수토끼를 위한 섬유권장량은 20~27%, 수유모토에는 14~20%가 좋다고 하여, NRC의 권장량보다 높은 수준을 제시하고 있다.

표 6-3. 토끼의 영양소 권장량

	조단백질(%)	지방(%)	섬유(%)	가용무질소물(%)	회분(%)
임신기	15~17(16)	3~6	12~16	44~52	5~6.5
수유기	24~26(25)	3~6	12~16	44~52	5~6.5
건유기	12~15(13)	2~4	16~22	42~50	5~6.5
수토끼	12~15(13)	2~4	16~22	42~50	5~6.5
성장기	16~18(17)	3~6	12~16	44~52	5~6.5

1. 권장량은 풍건사료기준

2. 괄호안의 수치는 Ensminger 등이 제시한 대부분의 사료에서 최적치임.

표 6-4. 자유채식시 토끼의 영양소 요구량 (사료 1kg당 %, 량)

영양소[1]	육 성	유 지	임 신	수 유
에너지와 단백질				
가소화 에너지(㎉)	2500	2100	2500	2500
TDN(%)	65	55	58	70
조섬유(%)	10~12[2]	14[2]	10~12[2]	10~12[2]
지방(%)	2[2]	2[2]	2[2]	2[2]
조단백(%)	16	12	15	17
광물질				
칼슘, Ca(%)	0.4	–	0.45[2]	0.75[2]
인, P(%)	0.22	–	0.37[2]	0.5
마그네슘, Mg(㎎)	300~400	300~400	300~400	300~400
포타시움, K(%)	0.6	0.6	0.6	0.6
소디움, Na(%)	0.2	0.2	0.2	0.2
염소, Cl(%)	0.3	0.3	0.3	0.3
구리, Cu(㎎)	3	3	3	3
요오드, I(㎎)	0.2[2]	0.2[2]	0.2[2]	0.2[2]
철, Fe	–	–	–	–
망간, Mn(㎎)	8.5	2.5	2.5	2.5
아연, Zn	–	–	–	–

영양소[1]	육 성	유 지	임 신	수 유
비타민				
비타민 A(IU)	580	–	〉1160	–
캐로틴 형태의 비타민 A(㎎)	0.83	–	0.83	–
비타민 D	–	–	–	–
비타민 E(㎎)	40	–	40	40
비타민 K(㎎)	–	–	0.2[2]	–
나이아신(㎎)	180	–	–	–
피리독신(㎎)	39	–	–	–
콜린(g)	1.2[2]	–	–	–
아미노산(%)				
라이신	0.65	–	–	–
메치오닌+시스틴	0.6	–	–	–
알지닌	0.6	–	–	–
히스티딘	0.3	–	–	–
류신	1.1[2]	–	–	–
아이소류신	0.6[2]	–	–	–
페닐알라닌+사이로신	1.1[2]	–	–	–
트레오닌	0.6[2]	–	–	–
트립토판	0.2[2]	–	–	–
발린	0.7[2]	–	–	–
글리신	–	–	–	–

1. NRC 사양표준(1977) 토끼의 영양소 요구량 2판
2. 최소량은 아니지만 적절한 것으로 알려졌다.
3. 양적 요구량은 미결정이나 급이할 필요가 있음
4. 0.5% NaCl로 일치
5. 1kg의 토끼가 1일 60g 풍건사료를 섭취한 것으로 해서 1일 1마리 양으로 환산
6. 양적 요구량 미결정
7. 대체적 요구되며, 양은 미상
8. 추정치
9. 적절히 장내 합성
10. 급이할 필요에 대해 미상

표 6-5. 토끼의 영양소 요구량

영 양 소	토끼의 구분				
	성장기 4~12주	유지기	임신기	수유기	어미와 새끼가 한가지 사료로 급여
에너지 및 단백질					
가소화 에너지(kcal/kg)	2,500	2,700	2,500	2,700	2,500
대사에너지(kcal/kg)	2,400	2,120	2,400	2,600	2,410
지방(%)	3	3	3	5	3
조단백(%)	15	13	18	18	17
조섬유(%)	14	15~16	14	12	14
비소화 섬유(%)	12	13	12	10	12
광물질					
칼슘(%)	0.5	0.6	0.8	1.1	1.1
인(%)	0.3	0.4	0.5	0.8	0.8
마그네슘(%)	0.03	–	0.04	0.04	0.04
칼륨(포타시움, %)	0.8	–	0.9	0.9	0.9
소디움(%)	0.4	0.4	0.4	0.4	0.4
염소(%)	0.4	0.4	0.4	0.4	0.4
황(%)	0.04	–	–	–	0.04
코발트(ppm)	1	–	–	1	1
구리(ppm)	5	–	–	5	5
요오드(ppm)	0.2	0.2	0.2	0.2	0.2
철(ppm)	50	50	50	50	50
망간(pm)	8.5	2.5	2.5	2.5	8.5
아연(ppm)	50	–	70	70	70
비타민					
비타민 A(IU/kg)	6,000	–	12,000	12,000	12,000
Carotene(ppm)	0.83	–	0.83	0.83	0.83
비타민 D(IU/kg)	900	–	900	900	900
비타민 E(ppm)	50	–	50	50	50
비타민 K(ppm)	0	0	2	2	2
엽산(Folic Acid, ppm)	1	0	0	–	–
판토텐산(ppm)	20	0	0	–	–
리보플라빈(ppm)	6	0	0	–	–

영 양 소	토끼의 구분				
	성장기 4~12주	유지기	임신기	수유기	어미와 새끼가 한가지 사료로 급여
티아민(ppm)	2	0	0	–	2
피리독신(ppm)	40	0	0	–	2
비타민B_{12}(코발라민, ppm)	0.01	0	0	0	–
비타민C(아스콜빅산, ppm)	0	0	0	0	0
아미노산(%)					
알지닌	0.9	–	–	0.8	0.9
히스티딘	0.35	–	–	0.43	0.4
아이소루신	0.60	–	–	0.70	0.65
루신	1.05	–	–	1.25	1.2
라이신	0.6	–	–	0.75	0.7
페닐알라닌	1.20	–	–	1.40	1.25
유황 아미노산	0.5	–	–	0.6	0.55
트레오닌	0.55	–	–	0.7	0.6
트립토판	0.18	–	–	0.22	0.2
발린	0.70	–	–	0.85	0.8

자료 : Lebas, F., The Journal of Applied Rabbit Research, vol. 3 no 2(1980), p 15.

제 7 장 토끼 사료

제 1 절 사료의 종류와 특성

토끼에게 영양적으로 균형이 잘 갖추어진 사료를 주기 위해서는 필요한 영양소 요구량을 파악하고 나아가 사료 종류별 영양소 함량에 대한 지식을 갖고 있어야 한다.

사료는 크게 조사료(Roughages), 농후사료(Concentrates)로 분류되고 다시 농후사료는 에너지 사료, 단백질 사료, 미네랄 보충제, 비타민 보충제, 비 영양성 첨가제로 세분화 된다.

1. 조사료

1) 알팔파(Alfalfa)

두과목초로 질소비료가 필요치 않다. 단위 면적당 단백질 생산량이 알팔파가 콩의 2~4배로 두과목초 중 가장 우수하다. 알팔파 밀을 인간이 바로 이용할 수는 없으나 가축이 이것을 먹고 고기를 생산하고 이를 인간이 식육으로 사용한다.

토끼는 알팔파 밀의 단백질을 아주 잘 이용하며, 알팔파 밀에는 인, 칼슘 그리고 칼리가 풍부하여 우수한 공급원으로, 소화되지 않는 섬유는 장염예방을 도와준다. 뿐만 아니라 식물 중에서 비타민 A 최상의 공급원이다. 곡류 이용에 대한 인간과 동물의 경쟁은 계속될 것이기 때문에 알팔파는 토끼사료로 중요성이 점차로 증가될 것이며, 토끼사료에 알팔파가 곡류의 모든 것을 대체할 수 있을 것이다.

표 7-1. 알팔파 영양성분

영 양 소	영양성분량			
	알팔파(청초)	탈수 알팔파 밀	양건 알팔파 밀	알팔파(건초)
고형분(%)	24	92	91	89
DE(kcal/kg)	620	2350	2200	2200
TDN(%)	14	53	50	50
조단백질(%)	4.9	17.4	17.6	17.7
라이신(%)	0.26	1.01	1.0	1.0
메치오닌+시스틴(%)	0.14	0.55	0.54	0.54
조섬유(%)	6.5	23.9	27.3	24.9
지방(%)	0.8	2.7	2.1	2.4
NFE(%)	10.1	38.1	34.1	37.3
회분(%)	2.2	9.8	9.6	8.1
칼슘(%)	0.45	1.32	1.3	1.33
인(%)	0.08	0.28	0.28	0.28
비타민 A 등량(IU/g)	56.4	146.6	63.6	64.0

2) 클로버(Clovers)

대부분의 클로버는 토끼에 있어서 사료가(feeding value)가 알팔파와 비슷하다. 두과 목초로 단백질의 주요 공급원이며, 기호성이 우수하다.

표 7-2. 클로버 영양성분

클 로 버	고형분 (%)	DE (kcal/kg)	TDN (%)	조단백 (%)	조섬유 (%)	칼슘 (%)	인 (%)
레드클로버(청초)	22.7	600	14	4.2	5.0	0.41	0.06
레드클로버(건초)	87.0	2170	49	14.1	25.5	1.30	0.22
화이트클로버(청초)	17.6	500	10	5.0	2.8	0.25	0.09
화이트클로버(건초)	90.7	2200	51	17.0	22.0	1.72	0.29
크림슨클로버(청초)	17.6	500	10	3.0	4.9	0.24	0.05
크림슨클로버(건초)	88.8	2190	50	14.8	24.6	1.22	0.24

3) 목 초

목초는 알팔파나 클로버보다는 영양가치가 다소 낮다. 알팔파, 클로버 건초에 비교했을 때 켄터키블루그라스, 오차드그라스, 수단그라스, 라이그라스 등 화본과 건초는 일반적으로 단백질과 칼슘이 적고 비타민 A 활성도가 낮으며 섬유소가 많고 기호성이 약간 떨어진다.

표 7-3. 목초별 영양성분

목 초	고형분(%)	조단백(%)	조섬유(%)	TDN(%)
Kentucky bluegrass(청초)	29.0	4.5	7.5	17
Kentucky bluegrass(건초)	88.9	9.1	26.7	54
Orchard grass(청초)	24.2	2.8	7.9	14
Orchard grass(건초)	88.6	9.8	30.3	45
Sudan grass(청초)	14.3	3.0	3.5	8
Sudan grass(건초)	90.7	10.6	28.3	45
Ryegrass(청초)	26.1	2.9	6.6	15
Ryegrass(건초)	86.1	8.3	24.9	55
Tall Fescue(청초)	25.0	4.4	5.9	15
Tall Fescue(건초)	84.7	5.2	30.7	40

4) 야채 및 근괴류

가정에서 부업으로 토끼를 키울 때, 야채를 먹이로 해서 키우면 매우 효과적이다. 기호성이 있는 야채로 자유롭게 구할 수 있다면, 배합사료의 50%를 절감할 수 있다. 대부분의 야채는 수분이 많기 때문에 토끼의 영양요구량을 맞추어 주려면 많은 양이 필요하다. 따라서 전업규모의 경우에는 어렵고 부업에서는 적당하다. 특히 신선한 청초가 없는 겨울에는 매우 유익하다. 야채 또는 청초는 식욕이 떨어진 토끼에게 식욕을 자극하는 효과가 있다. 케이지에 사육되는 토끼에게 야채를 주면 쉽게 오줌과 분으로 오염되기 쉽기 때문에 초가를 설치하여 주는 것이 좋다. 토끼는 청초나 야채와 같은 주었을 때 잎, 줄기 중 연한 부분은 잘 이용하나, 거칠고 딱딱한 부분은 이용하지 않고 버린다.

보통 다즙 먹이로 이용되는 것은 두과, 화본과 목초의 청초와 컴프리, 잎채소, 당근, 감자, 무우 등으로 수분이 80~90%이기 때문에 영양가치는 떨어진다. 이와 같이 야채와 근괴류는 수분 함량이 많고 단백질 함량이 적으며, 또한 용적이 커서 너무 많이 급여하면 다른 영양소의 결핍이 일어난다. 따라서 체중의 1.5%로 제한하는 것이 좋다.

표 7-4. 야채 및 다육 다즙식물

야 채	수분(%)	단백질(%)	섬유(%)
콩 잎	71.2	5.2	3.3
양배추	90.4	2.0	1.0
당근 뿌리	87.1	1.3	1.2
컴프리	86.8	2.6	1.8
케 일	88.4	2.4	1.6
상 치	94.6	1.2	0.6
민들레	86.3	3.2	1.5
감 자	80.0	2.1	0.5

5) 기타 조사료

아주 다양한 사료들이 토끼 사료로 이용될 수 있다. 감자, 과일의 껍질 그리고 아까시아와 싸리의 잎 등을 급여할 수 있다. 과일 껍질을 급여할 시는 너무 많은 섬유가 섭취되지 않도록 주의한다.

2. 농후사료

1) 곡 류

곡류는 사람과 가축 모두에게 주요 에너지원이다. 많이 사용되어지는 곡류로는 옥수수, 밀, 보리 그리고 귀리이다, 이들 곡류 중 어떤 것이 가축의 사료로 이용할 것인가를 결정하는 요인은 곡류 가격 특히 에너지 단위생산 당 곡류가격이다.

곡류의 영양조성을 비교해 보면 옥수수, 밀 그리고 수수(milo)는 에너지가가 높은 곡류이고, 보리, 귀리는 낮은 에너지를 생산한다. 밀과 옥수수는 일반 곡류에 비해 높은 지방 함량을 갖고 있고, 반면에 귀리와 보리는 섬유질이 높다. 모든 곡류는 칼슘의 함량은 낮고 인의 함량은 높다.

옥수수는 일반적으로 곡류들을 비교할 시 표준으로서 사용된다. 곡류는 일차적으로 에너지원으로 사용되어지고, 옥수수가 일반적으로 가장 높은 에너지를 생산하는 곡류이다. 토끼에 있어서 옥수수를 100으로 할 때 다른 곡류들의 상대적인 TDN 가치는 옥수수 100, 보리 90, 밀 95, 호밀 93, 사탕수수 88, 연맥 78이다.

토끼사료에 곡류 사용의 문제점은 소화생리에서 언급한 바와 같이 후장에서 탄수화물의 과부화로 인한 장염 유발이다. 높은 수준의 곡류 급여는 장내 박테리아 발육을 촉진하고, 박테리아 독소생산을 유도하여 장염을 유발시킨다.

곡류 중에는 약간의 가공처리를 해주면 소화율이 향상된다. 예를 들면 옥수수는 거칠게 분쇄했을 시 소화가 잘 된다.

표 7-5. 곡류의 영양성분 조성

곡 류	DE (kcal/kg)	TDN (%)	조단백 (%)	조섬유 (%)	라이신 (%)	황함유 아미노산(%)
황색 옥수수	3790	83	9.3	2.0	0.20	0.26
보 리	3330	75	9.5	6.2	0.27	0.34
붉은 밀	3680	84	12.8	2.4	0.38	0.48
흰 밀	3680	79	9.8	2.7	0.32	0.44
귀 리(oats)	2950	65	12.1	10.6	0.34	0.33
수 수(milo)	3330	75	10.7	2.2	0.27	0.27

다른 에너지 급원으로 곡류 부산물을 비롯한 각종 부산물들이 이용된다. 즉 밀기울, 말분, 비트펄프, 제빵 부산물, 당밀, 맥주박 등이다. 밀기울, 말분 등의 밀부산물은 곡류그대로 급여하는 것보다 더 좋은 급원이 된다. 이들은 배합사료의 약 20~30% 수준으로 사용할 수 있다. 당밀은 기호성이 높으며, 또한 단맛과 미세먼지 감소, 펠렛의 품질 개선을 위해 토끼 사료에 많이 이용된다. 사료 중에 일반적인 배합 수준은 3~10%이다. 이러한 부산물들은 하리를 유발하는 성질이 있으므로 사용량에 유의해야 한다.

표 7-6. 에너지원인 각종 곡류부산물의 영양성분

곡 류	DE (kcal/kg)	TDN (%)	조단백 (%)	조섬유 (%)	라이신 (%)	황함유 아미노산(%)
밀기울	2,610	57	15.1	10.3	0.58	0.52
말 분	2,700	62	15.6	8.1	0.60	0.48
비트펄프	3,080	70	8.6	18.3	0.59	0.21
건조 감귤펄프	2,050	47	6.4	11.6	-	-
당 밀	2,460	55	3.9	-	-	-
맥주박	1,900	43	25.3	15.3	0.9	1.0
주정박	3,500	81	27.2	9.1	0.6	0.9

2) 단백질 보충제

토끼 사료에 주로 사용되는 단백질 보충제는 대두박, 면실박, 해바라기박, 땅콩박, 호마박, 야자박 등이다.

3) 비 영양성 첨가제

비 영양성 첨가제로는 항생제, 방향제, 효소, 항산화제, 호르몬제, 구충제, 콕시듐예방제 등이다.

(1) 항 콕시듐제

콕시듐은 토끼에게 가장 흔한 원충성 질병이다. 이 원충(protozoan)은 장 내에 기생하는 것과 간에 기생하는 것이 있다. 토끼에 있어서 콕시듐의 치료는 설파퀴녹살린(surfaquinoxalin)을 음수에 0.04% 희석시켜 14~30일 투여하거나, 사료에 0.025% 첨가하여 20일동안 급여하는데 8일 마다 2일간 휴약한다. 식육으로 이용할 토끼는 도살 10일 전에 항 콕시듐제를 사용하지 않아야 한다.

(2) 항생물질

소량의 항생물질 첨가는 성장촉진 효과를 볼 수 있다. 미국의 FDA에서 승인된 것 중 옥시테트라사이클린(oxytetracycline)은 사료 톤당 10g을 사용하는 사료첨가제로서 성장촉진 및 사료효율 개선에 효과가 있다.

(3) 항산화제

사료에서 지방의 산패를 방지하기 위해 항산화제(antioxidants)를 사료에 첨가할 수 있다. 천연항산화제로는 비타민 E가 있다.

4) 물

토끼가 신선하고 깨끗한 물을 자유롭게 먹을 수 있도록 해 주어야 한다. 대군으로 사육하는 농장에는 자동급수장치를 설치하여야만 한다. 자동급수장치는 노동력을 절감하고 오염원을 줄일 수 있다. 만약 물통을 사용한다면 정기적으로 딱고 소독하여 위생상태가 양호하게 관리하여야만 합니다.

토끼의 물 소비량은 나이, 사료의 형태, 계절 등에 따라 다양하지만 더운 여름 새끼를 갖고 있는 암컷은 하루에 약 4ℓ의 물을 먹는다. 더운 여름 뿐만아니라 겨울에도 물을 많이 먹는다. 겨울에는 사료 채식량이 증가하고 따라서 물의 소비가 늘어난다.

제 2 절 사료제조, 급여량 및 배합률

1. 사료제조

사료제조에는 주된 원료를 다양한 처리를 통해서 영양가를 개선하고, 독소를 파괴하고, 기호성을 증진시키고, 취급에 편리하도록 개선하는 과정으로 구성되어 있다.

펠렛팅(pelleting)은 토끼 사료 가공과정에서 가장 중요한 부분이다. 토끼는 똑같은 먹이에서 가루보다 펠렛 형태를 훨씬 더 좋아한다. 펠렛은 형태가 확실하고 단단하여야 한다. 펠렛의 크기는 길이가 0.7cm 미만 직경 0.5cm 미만이어야 한다. 이유한 토끼는 펠렛의 크기가 큰 경우 채식시 사료를 너무 많이 허실한다. 토끼들은 사료통의 형태에 따라 다르겠지만 일반적으로 앞 발로 사료를 헤친다든가, 입으로 사료를 잡지만 한 조각만 먹게 되고 나머지는 바닥 철망 밑으로 떨어져 허실되는 것이 많다.

곡류는 소화를 촉진시키기 위해 압연시키든가 분쇄시켜야만 한다. 알팔파와 기타 건초는 펠렛팅 전에 곱게 갈아야 한다. 곡류와 건초를 분쇄할 시 입자의 크기가 사료의 소화율에 영향을 준다. 고운 입자는 장관 내에 오래 체류되어 소화율이 증가되고, 입자가 크면 소화관 통과 속도가 빨라 소화가 안 되고 장관을 통과한다. 그러나 입자가 고우면 장관 내에 오래 머물러 병원성 박테리아의 성장을 도와 장염을 유발시킨다. 따라서 곱게 분쇄하는 쪽 보다 거칠게 하는 것이 좋다.

곡류의 종류에 따라 열처리를 필요로 하는 것이 있다. 예를 들면, 콩이 가지고 있는 억제인자를 파괴하기 위해 가축에게 급여하기 전에 반드시 열처리하여야 한다.

가루사료를 사용하여야 할 경우에는 물을 첨가하여 반죽 먹이로 만든다. 이때 당밀을 첨가하면 맛있게 배합될 것이며 허실이 적을 것이다.

2. 사료급여량 및 배합률

토끼의 사료급여량과 사료 배합률은 표 7-7과 같다.

표 7-7. 토끼의 사료급여기준[1]

나이, 성별, 성숙단계	일 반 사료량 (풍건, g)	체중에 대한 총 사료량 (풍건, %)	사료기준[2]		
			사료명	사료총량	
				A(%)	B(%)
			알팔파 건초	60	
성장기(암, 수)			옥수수	21.5	
체중 2.95kg	145	5.8	보리	15	
			대두박	3	
			소금	0.5	
			알팔파 건초	40	50
성장기, 비육기(암, 수)[3]			옥수수	–	23.5
체중 1.8kg	113	6.2	밀기울	5	5
체중 2.3kg	136	6.0	보리	31.5	11
체중 2.7kg	154	5.7	귀리	18	–
체중 3.2kg	172	5.4	대두박	5	10
			소금	0.5	0.5
			알팔파 건초	70	–
유지기(암, 수)			클로버	–	70
체중 2.3kg	91	4.0	귀리	19.5	29.5
체중 4.5kg	150	3.3	밀	10	–
체중 6.8kg	204	3.0	소금	0.5	0.5

나이, 성별, 성숙단계	일 반 사료량 (풍건, g)	체중에 대한 총 사료량 (풍건, %)	사료기준[2]		
			사료명	사료총량	
				A(%)	B(%)
			알팔파	–	50
임신기(암)			클로버 건초	50	–
체중 2.3kg	113	5.0	귀리	43.5	45.5
체중 4.5kg	186	4.1	대두박	6	4
체중 6.8kg	254	3.7	소금	0.5	0.5
			알팔파 건초	40	40
수유기(암)			밀	25	25
체중 4.5kg	520	3.4	수수	5	5
새끼 7두 포함			대두박	31.5	11
			소금	18	–

1. NRC(1966, 1977)의 영양소 요구량
2. 요오드결핍 지역에서는 요오드화 소금
3. 수유기와 임신기 사료로 가능

일반적으로 사료를 변경시킬 때에 사육자가 효과적으로 사용할 수 있는 사료대체량은 표 7-8과 같다.

표 7-8. 토끼의 사료의 대체량표

사 료	상대적 사료가치(%)	최대성적을 위한 최대 한도의 가능 비율(%)	비 고
곡류, 부산물, 근괴류			
연맥	100	100	토끼에게 통상적으로 급여함, 롤링함
보리	110	100	롤링함
사탕수수			3주 미만의 생산성이 활발할 때는 급여 안함
Garden	10	10	체중의 1.5% 이상 급여치 말 것
Mangal	10	10	
Sugar	10	25	
모밀	95	100	무우처럼 사전주의
양배추(풍건)	10	10	다급시 갑상선에 주의

사 료	상대적 사료가치(%)	최대성적을 위한 최대 한도의 가능 비율(%)	비 고
당근(뿌리)	10	10	무우처럼 사전주의
Chicory	65	10	무우처럼 사전주의
옥수수	125	100	최대 소화를 위해 파쇄 요
케일	15	10	과잉 급여시 오줌에 케일 냄새
Kohlrabi	15	10	
감자	25	10	급여전 새싹은 제거함
감자(탈피)	25	10	
Rutabaqgas(뿌리)	10	10	무우처럼 사전주의
호밀	100	35	기호성이 문제 됨
수수	125	100	
해바라기씨	115	100	좋은 급원이 타목적으로 사용됨
고구마	25	10	무우처럼 사전주의
순무	10	10	무우처럼 사전주의
밀	120	100	
밀기울	120	100	하리유발 : 적절한 섬유소 사료로 사용
Wheat middling	130	100	하리유발 : 적절한 섬유소 사료로 사용
Wheat mill run	115	100	하리유발 : 적절한 섬유소 사료로 사용
Wheat red drog	125	100	하리유발 : 적절한 섬유소 사료로 사용
단백질 사료			
대두박	100	100	
맥주박	65	50	
면실박	100	100	탈 고시풀시 대두박의 70%까지 대체
아마박	80	100	하리유발
땅콩박	100	100	토끼의 통상적인 단백질 사료
호마박	100	100	
대두(전지)	85	100	생것은 기호성이 낮음
해바라기박	70		
건초			
알팔파	100	100	단백질 사료를 절약
블루그라스	50	30.3	
클로버	60	100	휴지기에서 단백질 사료로 적합하나 다른 시기는 낮음
동부	70	100	

사 료	상대적 사료가치(%)	최대성적을 위한 최대 한도의 가능 비율(%)	비 고
존슨그라스	30	25	
칡	65	100	
레스페데자	60	100	예취시기에 따라 사료가치 변화 심함
연맥	40	33.3	유숙기 아니면 사료가치 낮음
땅콩	50	100	
프레리그라스	15	10	
수단그라스	55	33.3	
티머시	35	33.3	
베치	70	100	
청초			
알팔파	100	100	
버뮤다그라스	90	33.3	
카나디안 블루그라스	100	50	
카페트그라스	90	33.3	
레드 클로버	90	100	
클로니얼 벤트그라스	115	100	
크로토라리아	65	33.3	
달리스그라스	75	33.3	
민들레	70	33.3	
Foxtail millet	80	33.3	
켄터키블루그라스	95	50	
칡	95	100	
레스페데자	95	100	
메도우 페스큐	90	50	
Napiergrass	90	50	조단백질은 낮으나 TDN가는 높다.
Oatgrass	70	33.3	단백질 함량이 낮다.
오차드그라스	90	50	
Pigeon pea	100	100	
테드 페스큐	100	50	
레드톱	90	50	
로드그라스	65	33.3	낮은 단백질 함량
수단그라스	50	33.3	

1. 근괴류는 높은 수분 함량 때문에 곡류 및 곡류부산물에 비해 상대적 사료가치가 낮음.

3. 국내 사료공장 토끼사료 종류 및 배합률

1) 축산농협안산연합사료

- 제품명 : 비육용 육성토끼 사료
- 등록성분량
  조단백질 16.00% 이상, 조지방 2.00% 이상, 조섬유 20% 이하, 조회분 12.00% 이하, 칼슘 0.60% 이상, 인 0.35% 이상
- 원료사용 내역
  곡류 : 옥수수, 소맥 등, 강피류 : 소맥피, 단백피 등, 박류 : 대두박, 채종박
  기타 : 알팔파, 비트펄프, 산화마그네슘, 아미노산제
- 예방 및 치료제 첨가내용
  항생제 옥시테트라사이클린 33ppm, 황산네오마이신 33ppm, 라시로시드소디움(항콕시듐) : 112.5ppm, 프리믹스(소화, 성장촉진) 1% 내외

■ **토 끼**

토끼의 이유 전후 다발하는 소화장애를 완전 해결한 토끼사료

육성 토끼사료(펠렛, 25kg)

(1) 제품특성

① 대장발효가능섬유소 개념 적용
② 맹장의 최적발효환경 유지
③ 토끼 정미에너지 개념 적용
④ 집약적 양토사업에 적합
⑤ 설사, 호흡기 예방
⑥ 특수가공기법 적용

(2) 제품이점

① 이유 전후 다발하는 소화장애 해결
② 1kg 증체당 사료비 최소화로 사양가수익 극대화

③ 고품질 토끼고기 생산과 상품성 극대화

④ 전업양토 농가에게 성공적인 양토사업 가능

⑤ 특수첨가제 첨가로 소화장애제거

⑥ 사료허실 최소화와 사료기호성 최대화

(3) 제품용도

모든 단계의 토끼에게 적용

육성 토끼사료 등록성분

성분명	조단백질	조지방	조섬유	조회분	칼 슘	인
함량(%)	15.5% 이상	2.0% 이상	15.0% 이하	10.0% 이하	0.7% 이상	0.4% 이상

급여프로그램

구 분	주 령	급 여 량
후보암토끼	15~16주령 종부 17~18주령 종부	자유급여(체중의 3.5%) 제한급여(종부4일전부터 강정사양)
번식암토끼	임신말기(21~30일) 비유기 종부대기 임신초중기(20일간)	자유급여(체중의 4.0%) 자유급여(체중의 5.0%) 자유급여(체중의 3.5%) 제한급여
번식수토끼	18주령까지 19주령이후	자유급여(체중의 3.5%) 제한급여
이유자토, 육성비육토	3~7주령 7주령~출하	자유급여(체중의 5.5%) 자유급여(체중의 5.0%)

• 제한급여 방법 : 1일생체 kg당 35g 급여

• 신선한 물 자유급여

2) 퓨리나 사료

토끼사료(육용토) 프로그램

퓨리나 토끼사료와 사양관리 프로그램은 토끼사육 농가에 우수한 성적과 높은 수익을 가져다 드릴 수 있습니다.

● **퓨리나 토끼사료**

육용토 사료

● **특성과 수익**

- 각 성장단계별로 필요한 영양요구량을 감안하여 제품 설계
- 육성토시기에 식이성 설사로 인한 폐사율을 최소화 하기 위하여 최적의 조섬유 함유

● **프로그램**

(1) 사료급여 방법

① 이유 후부터 출하 4주전까지 육성토사료 급여
② 출하 4주전부터 출하 3주전까지 1주일간 육성토사료와 비육토사료를 2일에 25%씩 증감하면서 교체한다.
③ 약 한 달간의 포유기간 동안 퓨리나 토끼사료(모토용 사료)로 자토에게 입붙이기 사양을 실시하여 미리 고형물사료에 적응시킨다.
④ 자유급이를 원칙으로 한다.

단계별 사료 급여량

사양 단계	사료 급여기준
번식용 암컷	제한급여 150~180g/일
임신 중 암컷	제한급여 150~180g/일
포유 중 암컷	자유급여
수 컷	제한급여 150~200g/일(혈통에 따라 차이가 있음)
비육토끼	자유급여
1.5kg 전후	80g/일
2~3kg 전후	100~150g/일

(2) 항시 깨끗하고 신선한 물을 공급한다.

① 물은 소화과정에서 필수적이고 토끼의 건강에 있어서도 빼놓을 수 없는 매우 중요한 영양성분이다. 물 섭취량은 환경 온도와 습도에 따라 달라지지만 적정수준을 유지해 줄 경우 일반적으로 토끼는 사료섭취량의 2배에 가까운 물을 소비한다.

② 토끼의 물 급여기준은 성토(4kg기준)의 경우 200~300㎖, 포유 중인 어미토끼는 3~4ℓ 이다.

③ 토끼에게는 비타민 D_3가 독성으로 작용할 가능성이 높기 때문에 식수에는 사용하지 않는 것이 좋다.

(3) 기타 유의사항

① 파리나 모기 등의 곤충들은 점액종증 같은 질병을 유발할 수 있으므로 방충망을 설치하여 곤충들의 침입을 막고 정기적인 소독을 반드시 실시한다.

② 쥐로 인해 임신 중인 토끼의 유산이 매우 많으므로 구서 대책이 꼭 필요하다.

3) 일본 오리엔탈 효모의 토끼사료 성분

일반성분 (100g 중)

	수 분	조단백질	조지방	조회분	조섬유	NFE	칼로리
사육용	7.8 g	22.8 g	2.8 g	8.8 g	14.4 g	43.7 g	291 Kcal
사육번식용	7.8	17.9	3.3	8.6	15.2	47.3	290

비타민, 미네랄 (100g 중)

비타민	사육용	사육번식용	미네랄	사육용	사육번식용
A(IU)	290	293	Ca(g)	1.38	1.36
D_3(IU)	80	78	P(g)	0.55	0.50
E(mg)	9.2	9.1	Mg(g)	0.36	0.34
K_3(mg)	0.04	0.04	Na(g)	0.17	0.18
B_1(mg)	0.82	0.81	K(g)	1.91	1.67
B_2(mg)	1.40	1.34	Fe(mg)	24.3	25.9

비타민	사육용	사육번식용	미네랄	사육용	사육번식용
C(mg)	47	46	Cu(mg)	1.00	0.91
B_6(mg)	1.01	1.05	Zn(mg)	4.86	4.68
B_{12}(㎍)	0.2	0.4	Co(mg)	0.09	0.08
이노시톨(mg)	516	456	Mn(mg)	6.76	6.67
바이오틴(㎍)	41.2	37.8	Cl(g)	0.43	0.50
판토텐산(mg)	4.30	4.03	요소(ppm)	0.10	0.66
나이아신(mg)	11.12	11.42	Ca/P	2.51	2.72
콜린(mg)	0.17	0.14	Ca/Mg	3.83	4.00
엽산(mg)	0.28	0.25	K/Na	11.24	9.28

아미노산 (100g 중)

아미노산	사육용	사육번식용
아이소 루신(g)	0.89	0.65
루신(g)	1.60	1.19
라이신(g)	1.14	0.86
메치오닌(g)	0.33	0.41
시스틴(g)	0.32	0.25
페닐알라닌(g)	1.04	0.76
타이로신(g)	0.64	0.47
트레오닌(g)	0.88	0.68
트립토판(g)	0.35	0.27
발린(g)	1.09	0.86
알지닌(g)	1.29	0.90
히스티딘(g)	0.56	0.42
알라닌(g)	1.06	0.84
아스파라긴산(g)	2.36	1.72
구루타민산(g)	3.26	2.33
글리신(g)	1.04	0.82
후로린(g)	1.24	1.02
세린(g)	1.05	0.77

ORIENTAL YEAST CO., LTD "1999~2001년 실험동물용 사료 카다로그에서 발췌"

제 8 장 관 리

제 1 절 일상 관리

1. 토끼 취급

토끼를 귀나 다리만을 잡고 들어서는 안 된다. 2kg 전후의 어린토끼를 잡을 때에는 토끼의 귀와 어깨 털가죽을 함께 단단하게 잡는다(사진 8-1).

체구가 큰 토끼를 잡을 때에는 사진과 같이 한 손으로 어깨 털가죽을 함께 쥐고 다른 손으로는 토끼의 체중을 지탱하기 위해 엉덩이 부분을 바치고, 토끼를 운반자의 몸쪽으로 부쳐서 운반한다(사진 8-2).

토끼를 운반할 때 특히 주의할 점은 토끼가 놀라서 갑자기 뒷다리에 힘을 주고 발버둥 치는 경우가 있다. 특히 토끼는 뒷다리의 힘이 아주 세다. 이 때 뒷 발가락에 의해 상처를 입을 수가 있으며, 토끼를 놓칠 수가 있다. 그러므로 아주 조용히 부드럽게 다루어서 놀라지 않토록 한다.

사진 8-1. 토끼 잡기(어린토끼)

사진 8-2. 토끼 잡기(큰토끼)

2. 급수기, 급이기 및 케이지 관리

가정에서 부업 또는 취미로 소군 사육할 경우는 급이기와 급수기를 규격화되지 않은 용기를 사용하고 있다. 이를 경우에는 3일 간격으로 깨끗이 청소를 해주면 되고 특히 장마철에는 부패하기가 쉽기 때문에 하루에 한 번씩 청소 관리를 해주어야 한다.

전업의 대규모 사육인 경우는 자동 급수장치인 니플(Nipple)를 사용한다. 간혹 니플의 박킹이 막혀 물이 잘 안 나오든지 또는 계속해서 흐르는 경우가 있으므로 관찰을 세심하게 해서 즉각 수리해주어야 한다. 급이기 통 역시 무제한 급이를 하다 보면 남은 사료가 가루화 되어 급이기 통 바닥에 쌓이게 된다. 특히 장마철에는 이곳이 곰팡이로 오염되어 병원체의 온상이 될 수 있다. 자주 관찰하여 쌓인 가루를 청소한다. 이를 예방하기 위해 먹이통 내에 철망을 부착하여 가루가 아래로 떨어지도록 고안한 먹이통을 사용하는 것이 좋다.

케이지 내에 분이 잘 빠지지 않아 한 곳에 쌓인 경우가 있다. 즉시 분을 제거해주어야 한다.

3. 털갈이(환모, Shedding) 및 귀 청소

토끼는 매 3개월 마다 환모를 한다. 늦봄과 늦가을에는 심한 환모를 하나 그 사이에는 아주 인지할 수 없을 정도의 가벼운 환모를 한다. 토끼는 꼼꼼하게 몸단장을 하는 동물이다. 마치 고양이 같이 자신의 몸을 핥아서 깨끗이 하며 고양이 같이 털을 먹을 수 있으나 고양이와는 달리 토해낼 수가 없다. 따라서 먹은 털이 뭉쳐 위장의 출입구를 막으면 죽는다. 부업 또는 취미로 사육하는 경우는 일주일에 한 번 정도로 빗질을 해주는 것이 좋다. 그러나 전업 또는 대규모 사육인 경우는 할 수 없으므로 토끼가 케이지에 빠져 나간 빈 상태 때 도치램프로 케이지에 묻어 있는 털을 태우는 것이 케이지에 묻어 있는 각종 오염원도 제거할 수 있어 일석이조이다.

토끼의 귀가 크고 넓어서 각종 오염원이 침입하기가 쉽다. 일상 관찰시 토끼가 자기의 앞발로 귀를 자주 문지를 때 귀안을 점검해 볼 필요가 있다. 귀지가 많을 때 면봉으로 귀지가 안에 들어가지 않도록 하며 chlorhexadine이 함유된 귀 연고를 발라서 닦아주면 더 좋다. 만약 귀 옴에 감염된 경우 오래 동안 방치하면 목이 돌아가는 비정상 형태를 볼 수 있다. 이보맥을 주사하면 치료할 수 있다.

4. 교배관리

토끼는 원래 야행성 동물이므로 가능한 원기가 왕성한 오전 중에 교배를 실시하는 것이 바람직하다. 토끼는 교미자극배란 동물이므로 교미만 하면 배란이 되고 임신이 되지만, 암토끼의 난포발육이 3~4일 주기로 일어나기 때문에 난포발육이 가장 많은 시기, 즉 외형적으로는 음부가 가장 붉게 부었을 때 교배한 것이 수태율도 높고 산자수도 많다. 따라서 매일 아침 외음부를 관찰하여 교배적기의 암토끼를 선발하여 수토끼의 장으로 옮겨 교배를 시킨다. 반대로 수토끼를 암토끼 장으로 옮기지 않토록 한다. 이럴 경우 암토끼가 수토끼를 거부하거나 공격적이 된다.

암토끼와 수토끼를 합사시킨 후 수 분간 두 토끼의 행동을 관찰한 후 교배가 잘 이루어지지 않을 때에는 암토끼를 다른 수토끼 장으로 옮긴다. 수토끼가 교미행동을 취하고 암토끼의 옆이나 뒤로 넘어지면 교미가 성공한 것으로 판단한다.

확인 교배를 위하여 오후에 다시 한 번 더 교배시키면 확실하다.

교배가 끝나면 개체 기록카드에 교배 날짜와 수컷의 개체 번호를 기록한다.

제 2 절 성장 단계별 사양관리

1. 포유토 관리

갓 태어난 토끼는 생후 4~5일이면 털이 나기 시작하여 7일이면 완전히 털이 생긴다. 그리고 10~13일이면 눈을 뜨기 시작하고, 2주일이면 걷기 시작하며, 20일이 되면 사료를 먹기 시작한다.

정상적으로 발육하는 포유토는 피부가 탄력이 있고 토실토실하지만, 어미젖이

표 8-1. SPF 토끼의 발육 (뉴질랜드화이트, g 평균 ± 표준편차)

주령	체 중	주령	체 중	주령	체 중	주령	체 중
1	112.10±4.10	5	844.10±22.3	9	1,964.0±37.0	13	2,775.6±37.7
2	202.50±7.80	6	1,138.8±28.0	10	2,210.7±31.8	14	2,944.5±44.0
3	304.20±11.1	7	1,430.7±27.2	11	2,431.1±34.8	15	
4	524.10±18.1	8	1,747.6±36.6	12	2,621.8±34.3	16	

불충분 하거나 문제가 있는 경우에는 포유토의 피부가 쭈글쭈글하고 탄력이 없다. 이럴 경우에는 어미의 상태를 파악하여 너무 새끼가 많다든지, 어미의 건강상태가 좋지 않으면 위탁포유를 실시한다.

1) 모토 포유

적정 포유두수 : 5~6두, 젖이 많고 경험이 많은 것은 8두. 초산토끼는 마리수를 적게 한다.

표 8-2. 가축별 새끼의 성장속도와 모유의 영양성분

가축명	생시 체중의 두 배가 되는 날짜	단백질	지 방	유 당	회 분	CaO	P_2O_5
토 끼	6	11.40	12.10	1.80	2.56	0.89	0.99
돼 지	14	6.04	8.24	4.75	1.07	0.25	0.31
산 양	22	4.30	4.80	4.50	0.76	0.20	0.28
젖 소	47	3.50	3.50	4.50	0.75	0.16	0.20

2) 위탁포유

빨리 번식하여 수를 증식하고자 할 때나 분만한 어미토끼의 모성애가 적은 경우 또는 분만 후 어미토끼가 죽었을 경우 그 새끼의 일부 또는 전부를 다른 어미토끼에 위탁하여 포유시키는 방법이다.

3) 인공포유

포유시킬 유모토끼가 없는 경우에는 인공포유를 할 수밖에 없으나 우유로 인공포유할 경우 충분한 포유효과를 기대할 수는 없다.

4) 포유시 유의사항

① 수유 중에 있는 어미토끼는 소화가 잘되는 양질사료를 평소의 2~3배 정도 충분히 준다(두과 : 클로버, 알팔파, 화본과 : 엽채류, 콩깻묵, 밀기울, 비지, 엿밥).

② 젖을 빨다 내던져진 갓난 새끼는 보는 대로 넣어준다.

③ 죽은 새끼는 발견 즉시 꺼내 치운다.

④ 새끼 가죽이 쭈글쭈글하면 어미토끼의 비유를 촉진시키는 방법을 강구한다.

⑤ 분만 후 10일쯤 되면 분만상을 청소하고서 부드러운 자리깃으로 갈아준다.

⑥ 겨울에는 보온, 여름에는 환기와 모기 방지에 유의한다.

⑦ 21일 지나면서부터는 먹이를 먹기 시작하므로 먹기 좋고 소화가 잘 될 먹이를 새끼 분 만큼 어미토끼 사료에 첨가한다.

⑧ 일반토끼는 30~45일령, 종토용은 50~60일령쯤 되어서 점진적으로 젖을 뗀다.

⑨ 젖떼기 전후에 개체표시를 한다.

5) 새끼의 조절(양자 보내기)

① 유모토끼의 분만 일자를 양자를 보내는 쪽보다 2~3일 늦은 것을 택한다.

그 이유로는

첫째, 동시에 수태시키려면 우수한 암토끼의 분만이 간혹 2~3일이 걸려서 유모보다 4~5일이나 늦게 분만했을 경우 나중에 낳은 우수토끼의 새끼를 바꾸어 놓으면 이미 수일이 지난 유모의 새끼들 틈에 끼어 젖을 얻어먹지 못하는 우려가 있다.

둘째, 포유동물의 젖은 분만직후가 특별한 효력이 있으므로 우수한 암토끼에게 초유를 먹여서 보낸다.

셋째, 분만 후 2~3일 동안은 많은 새끼에게 젖을 빨려 젖이 많이 나오도록 하는 것이 좋다.

넷째, 2~3일 이 경과하게 되면 유모에게 맡길 새끼의 선택과 유모가 낳은 새끼의 도태 등에 대한 적절한 판단을 할 수 있다.

② 포유 마리수 결정 : 4~5두, 갓난 토끼 도태기준 체중 : 50g 이하

③ 방법 : 후각 마취(방향제 및 안티프라민을 사용)

6) 이유시 관리

① 2~3일간에 걸쳐서 분리시킨다.

② 소화되기 쉬운 사료를 신선한 상태로 급여해야 되고 물도 충분히 공급해 주어야 한다.

③ 콕시듐의 예방에 주의(봄, 여름) 예방과 치료법은 sulfar merazine 150mg/체중 1kg 3회로 나누어 사료에 섞어 먹인다. 생후 50일경부터 2개월까지 3일간 먹이고 3일간 쉬고 반복실시

④ 가을, 겨울에는 보온에 유의(부드러운 건초를 충분히 넣어줄 것)

표 8-3. 젖 때는 시기의 체중과 사망률의 관계

이유일령	9개월의 체중	사망률	이유일령	9개월의 체중	사망률
20	2,756g	53%	45일	3,262g	12%
30	2,980	41	50	3,757	8
35	3,090	40	55	3,892	7
40	3,318	20	60	3,971	8

2. 육성토 관리

1) 분리수용

분리수용의 범위는 사육케이지의 크기에 따라 다르나 대체로 1개월령까지는 4마리 2개월령까지는 2~3마리, 3개월령부터는 1마리씩 수용한다.

2) 보건위생

3개월령까지의 평균사망률이 40%나 되는데 그 중에서도 배냇털을 가는 정모기에 높으므로 그 시기의 보건위생에 특히 유의한다.

3. 성토 관리

1) 일반 관리

① 안정유지와 외적방지에 힘쓴다.

② 환경의 청결조건에 힘쓰고 환기 채광의 원활을 꾀하며 환절기와 겨울철의 틈새바람 방지 및 실온의 주야 온도차를 적게 하는 데 힘쓴다.
③ 질병 및 기타 이상을 조기에 발견 조치한다.
④ 청소 및 기타 관리작업은 규칙적으로 실시한다.
⑤ 자리 깃을 깨끗한 것을 주되 모피용종에는 특히 먼지 많은 것을 주지 않는다.

제 3 절 계절 관리

1. 봄철 관리

① 풀 사료를 많이 이용하되 건초로부터의 급변을 피하고 과식에 주의한다.
② 절호의 번식계절을 놓치지 말아야 한다.
③ 온난한 시기이지만 주야의 온도차가 심하여 감기에 걸리기 쉬우므로 자리 깃을 충분히 주고 토사 문 단속도 잘 해야 한다.
④ 4～5월은 털갈이 시기이므로 사료와 환기에 주의한다.

2. 여름철 관리

① 소독과 건초
② 젖은 풀은 주지 않는다.
③ 변질된 먹이는 바로 치운다.
④ 환토 발견 즉시 격리 소독
⑤ 번식을 보류
⑥ 통풍과 더위방지
⑦ 모기 방지책 강구

3. 가을철 관리

① 9～10월은 털갈이 시기이므로 단백질수준이 높은 먹이를 준다.
② 과식에 주의한다.

③ 풀사료의 영양가치가 떨어지므로 사료배합 재조정

④ 월동용 건초를 준비한다.

⑤ 10~11월에는 상당히 기온이 쌀쌀하므로 보온과 틈새바람 방지

4. 겨울철 관리

① 특히 어린 토끼는 방한 보온조치

② 건초는 열탕으로 연화시킨다.

③ 근채류를 줄때는 잘게 썰어준다.

④ 언 사료는 주지 않는다.

제 4 절 일일 관리

1. 아침 관리

① 질병 기타, 이상 유무 관찰

② 교미

③ 급여 – 과부족 조절(1시간)

④ 청소 – 급수, 급이기

2. 낮 관리

① 급이

② 자리깃, 토사의 출입은 될 수 있으면 삼가한다.

3. 저녁 관리

① 급이 – 해가 질 무렵

제 5 절 기록 관리

양토경영에 있어서 필요한 기록카드로는 첫째, 종축(암, 수) 개체 기록카드, 둘째, 사육일지로 나눌 수 있다.

종축개체 기록카드에는 개체번호, 출생일, 교배일, 분만일, 산자수, 포유개시두수, 21일령 동복 총 체중 등이 표시되어야 한다.

사육일지에는 1일 사육두수 변동사항(생산, 폐사, 도태, 출하), 사료급여 사항(입고, 급여 재고), 관리 사항(교배, 분만, 이유, 치료, 청소) 등이 기록되어야 한다.

표 8-4. 모토개체 기록카드(예)

<table>
<tr><td colspan="4">개체번호 :
어미 명 :</td><td colspan="4">생년월일 :
아비 명 :</td><td colspan="3">케이지 번호 :</td></tr>
<tr><th rowspan="2">산차</th><th rowspan="2">교배일</th><th rowspan="2">임신 여부</th><th rowspan="2">분만일</th><th colspan="3">출산현황</th><th rowspan="2">21일령 체중</th><th rowspan="2">이유일</th><th rowspan="2">이유 두수</th><th rowspan="2">비 고</th></tr>
<tr><th>산자수</th><th>포유개 시두수</th><th>양자 (+/−)</th></tr>
<tr><td>1</td><td></td><td></td><td></td><td></td><td></td><td></td><td></td><td></td><td>(♂/♀)</td><td></td></tr>
<tr><td>2</td><td></td><td></td><td></td><td></td><td></td><td></td><td></td><td></td><td></td><td></td></tr>
</table>

표 8-5. 숫 종토개체 기록카드(예)

<table>
<tr><td colspan="2">개체번호 :
어미 명 :</td><td colspan="2">생년월일 :
아비 명 :</td><td>케이지 번호 :</td></tr>
<tr><th>교배일</th><th>모토 번호</th><th>산자수</th><th>이유두수</th><th>비 고</th></tr>
<tr><td></td><td></td><td></td><td></td><td></td></tr>
<tr><td></td><td></td><td></td><td></td><td></td></tr>
</table>

표 8-6. 사육일지(예)

<table>
<tr><td colspan="6">1. 사육 현황</td><td colspan="2">200 년 월 일 날씨 :</td></tr>
<tr><td></td><td>전일
두수</td><td>폐사</td><td>도태</td><td>판매</td><td>금일
두수</td><td>약품수불</td><td></td></tr>
<tr><td>모 토</td><td></td><td></td><td></td><td></td><td></td><td rowspan="7">일반관리</td><td rowspan="7"></td></tr>
<tr><td>숫 종토</td><td></td><td></td><td></td><td></td><td></td></tr>
<tr><td>포유토</td><td colspan="5"></td></tr>
<tr><td>육성토</td><td colspan="5"></td></tr>
<tr><td>소 계</td><td colspan="5"></td></tr>
<tr><td colspan="6">2. 번식현황</td></tr>
<tr><td>교배
두수</td><td colspan="2"></td><td>이유
두수</td><td colspan="2"></td></tr>
<tr><td colspan="6">3. 사료현황</td><td rowspan="4">비 고</td><td rowspan="4"></td></tr>
<tr><td>사료
종류</td><td>전일
재고</td><td>소모</td><td>입고</td><td colspan="2">금일재고</td></tr>
<tr><td>육성토</td><td></td><td></td><td></td><td colspan="2"></td></tr>
<tr><td>번식토</td><td></td><td></td><td></td><td colspan="2"></td></tr>
</table>

제 6 절 토끼 활동에 영향을 미치는 환경요인

1. 온 도

토끼는 기능적인 땀샘을 갖고 있지 않기 때문에 열 스트레스에 아주 민감하며, 그리고 높은 환경 온도일 때 체온을 낮추는데 어렵다. 열 스트레스를 받은 토끼들은 열을 제거하기 위해 체면적을 최대한 늘리고 그리고 헐떡거린다. 왜냐하면 열은 폐에서 수분의 증발을 요구하기 때문에 헐떡거림으로써 수분이 증발하고 체온이 내려간다. 토끼들은 온도가 높은 환경 하에서 사육되어질 때 계속적으로 노출되었을 때보다 갑작스럽게 높은 온도에 노출되었을 때 다르게 반응한다. 32~35℃ 이상의 열대지역에서 사육되어지는 토끼는 높은 온도에서 성공적으로 사육되어지나,

서늘한 지역에서 사육되는 토끼는 가끔 32℃를 초과할 때 열 스트레스로 죽는다. 높은 온도에서 사육되는 동물들은 열 스트레스에 적응하기위해 대사 체계를 개발한다. 열대지역과 같은 높은 온도 지역에서는 토끼들은 많은 양의 물을 소비하고 동시에 온난한 지역에서 사육되는 토끼보다 사료를 적게 섭취한다. 그들의 생산성은 사료를 적게 섭취하기 때문에 떨어진다. 적절한 물의 공급은 이들 환경에서 가장 중요하다. 이러한 영향은 3개월 후에 나타나며 기온이 24℃ 이하로 내려가면 수태율은 곧바로 회복된다.

가장 이상적인 환경온도는 15～18℃이다. 이보다 온도가 높거나 낮을 때는 동물들은 체온을 유지하기 위해서 에너지를 소비해야 한다. 체모를 갖고 있는 토끼로서는 높은 온도보다는 낮은 온도에서 더 잘 견딘다. 이에 대해 생각해볼 수 있는 가능성은 낮은 온도에서 사료를 더 준다는 것이다. 그래서 동물이 자기의 체온을 유지할 수 있도록 하는 것이다. 제한급이를 하고 있을 때, 추운 날씨에는 여분의 사료를 더 주어야 한다. 사료 섭취가 증가함에 따라 동시에 물의 섭취도 증가한다. 따라서 추운날씨(0℃)에 물의 섭취를 제한하는 것은 이상적인 기온 하에서 제한보다 훨씬 더 능력이 감소될 것이다.

온도의 변동은 장염을 유발한다. 장염 유발은 때때로 감기의 시초가 된다. 이에 대해 생각해볼 수 있는 가능성은 온도가 갑작스럽게 떨어지면서 사료의 섭취가 증가하여 탄수화물의 과잉 섭취를 유발한다. 그리고 이는 장에서 독성을 생산하는 병원균의 증식을 일으키기 때문이다.

2. 광 선

토끼생산을 위한 적합한 광선 조건은 아직 확립되지 못했다. 세계의 어느 부분에서 자주 관찰되는 겨울철 번식력 하락은 어느 정도 일조시간이 감소함에 따라 일어나는 현상이라고 믿고 있다. 하지를 지나면서부터 일조시간이 짧아지면 토끼는 날씨가 추워진다는 것과 먹이가 부족하다는 것을 본능적으로 강하게 느낀다. 그러므로 토끼는 가능한 한 이 기간동안 분만을 하지 않으려고 한다. 실험보고에 의하면 일조시간의 길이를 18시간으로 한 집단과 6시간으로 한 집단의 태아수는 각각 6.10±0.83과 3.44±0.67이었다. 이 결과에서 보는 바와 같이 일조시간의 장 · 단은 토끼의 번식성에 영향을 미친다는 것을 알 수 있다.

퓨리나 점등계획에 의하면 빛의 강도는 바닥 1m^2당 3W(평당 약 10W)의 전구를 통로를 따라서 켜주면 충분하며, 점등은 손으로 하거나 타이머로 할 수 있으나 가능한 타이머로 하는 것이 시간 오차가 적다. 총 일조시간과 점등의 합이 15시간이 되도록 해야 한다. 예를 들어 아침 6시에 점등하고 오후 9시에 소등하는 계획을 했다고 하면, 6시에 점등하여 일출 1 시간 후에 꺼주고 일몰 1 시간 전에 점등하여 오후 9시에 꺼주면 된다. 이러한 점등으로 토끼는 겨울이 되는 것을 알지 못하게 되며 따라서 생산성 감소를 막을 수 있다.

3. 최 면

토끼는 쉽게 최면이 되는 동물이다. 토끼를 등으로 해서 누이고 가슴, 복부, 머리 옆을 가볍게 도닥거려 주면 최면에 들게 된다. 최면이 되었을 때 토끼는 황홀한 상태에 있다. 최면 간단한 수술을 위해 토끼를 억제할 때 수단으로 가치가 있다.

제 9 장 실험용 SPF 토끼의 작출

제 1 절 필요성

1. 기술적 측면

인류의 복지에 공헌하는 생명과학은 여러 해를 걸쳐 많은 실험동물들에 의해서 뒷받침이 되어왔다. 그래서 점점 고도화하는 과학의 물결은 더욱 다품종, 고품질의 실험동물을 필요로 하고 있다. Foster(1956)는 세계에서 처음으로 미생물이 조절된 실험동물의 근대적 생산 시스템을 만들기에 성공했다. 이것은 제왕절개에 의해서 얻어진 무균동물을 미생물이 조절된 격리(barrier) 시스템 속에서 동물 군(colony)을 유지하는 것으로서 오늘날 세계적으로 실험동물의 생산기준으로서 알려져 있는 시스템이다. 국내에서는 1978년에 가축위생연구소에서 우량종돈 생산을 위한 돼지의 SPF(specific pathogene free animal, 특정균 부재 동물)에 관한 연구를 시작하였으나, 당시의 미흡한 주변 여건에 의해 만족할 만한 결과는 얻지 못하였고, 1982년도부터 과기부 과제에 의한 안전성연구사업의 일환으로 무균 실험동물 개발에 착수하여 1985년도에 무균 rat를 생산할 수 있는 기술적 기반을 구축하게 되었다. 1986년부터 본격적으로 mouse, rat를 중심으로 한국화학연구소에서 실험동물의 생산과 계통유지 사업에 착수하게 되었다. 그러나 생명공학 및 신약개발 목적에 따라 실험 대상이 되는 동물종도 다르므로 다양한 종류의 SPF 실험동물이 격리방식(barrier system)에 의해서 생산 공급되어야 한다고 생각된다. 그러나 국내에서 생산되고 있는 SPF 실험동물은 생쥐(mouse)와 흰쥐(rat) 뿐이다. 따라서 의학연구와 독성실험에 가장 다양하게 활용되며 두 번째로 많이 사용되는 토끼의 SPF화가 시급히 요청되며 그러기 위해서는 역시 SPF 토끼의 생산기술 구축이 선행되어야 한다고 할 수 있다.

1997년 국내실험동물의 사용량을 일본에 비교하여 보고한 자료에 의하면, 토끼(SPF)의 사용량이 일본의 11%에 지나지 않는다. 따라서 국내 생명공학의 진보와 더불어 토끼를 포함한 SPF 중동물의 수요는 급증할 것이고, 이에 대비한 SPF 실험동물 생산기술의 축적이 시급하다. 국내에서 사용되고 있는 SPF 토끼는 전량 수입에 의존하고 있는 실정으로 국내에서 생산되는 토끼는 미생물 적으로 조절된 것은 전무하다. 한편 최근 동물을 이용한 연구에 기준은 점점 더 엄격하여지고 있으며 사용되는 동물의 계통과 환경의 조건을 만족하지 않는 동물을 사용한 경우, 실험결과를 인증하지 않고 있다. 즉 실험에 공시하는 동물의 조건에 따라 그 결과는 항상 변할 수 있기 때문일 것이다. 따라서 동물사육시설의 기준을 미국의 ILAR 등 실험동물 사육기준에서 규정하고 있는 조건에 맞추어 새로운 의약품, 동물약품, 농약 등을 개발하기 위한 양질의 SPF 토끼를 포함한 중동물의 생산시스템이 확립되어야 한다.

무균동물의 생산기술에는 제왕절개 또는 자궁 적출법을 얻은 새끼를 인공유로 포유시키고, 환경이 조절된 시설에서 육성, 번식, 계통유지 등이 포함된다. 현재까지 국내에서는 SPF 생산기술은 mouse나 rat와 같은 소형 설치류에서는 확립되어 있으나 아직 중동물인 토끼의 SPF화 한 보고는 없다. 따라서 미생물 적으로 조절된 환경 내에서 생산한 유전적으로 조절된 SPF 토끼를 생산하기 위해서는 토끼의 인공유 개발, 토끼의 생리를 충분히 고려한 것에 기초한 환경조절을 위한 설비의 개발, SPF 토끼 생산을 위한 각종 오염정도를 측정하기 위한 모니터링(monitoring) 기술의 개발 및 효율적인 번식과 계통의 유지를 위한 인공수정 또는 수정란 이식기술의 개발이 절실히 요구된다.

2. 경제 · 산업적 측면

국내의 각 연구소에서 사용하고 있는 실험토끼는 사육환경조건이 조절되지 않은 일반 사육시설에서 사육된 것이 대부분이고, 아직은 SPF 토끼를 이용한 실험은 극소수에 지나지 않으며, 그 공급은 수입에 의존하고 있는 실정이다.

일반농가에서 생산한 일반토끼(conventional rabbit)를 실험에 공시하여 여러 가지의 처치를 하는 도중에 폐사되는 경우가 빈번하여 새롭게 동물을 구입하여 실험을 다시 해야 하는 등의 경제적, 시간적 손실이 매우 크다고 할 수 있다. 만약 실험이 성공하였다고 하여도 실험에 사용된 토끼의 유전적 및 미생물학적인 기술이 확립되어 있지 않으면 연속적인 실험의 결과가 일정치 않고 실험의 재현성과 신뢰성이 떨어지게 된다. 이러한 시행착오를 해결하기 위해서는 ILAR에서 준하고 있는 조건으로 토끼를 생산하여야만 한다. 따라서 이러한 기준에 준한 설비를 국내에 갖추어 무균 실험토끼를 생산한다면 수입대체효과가 기대될 뿐만 아니라, 동물의 수입과정에서 발생되는 각종 생리적 변화를 제어함으로써 실험결과의 재현성도 높아질 것으로 기대된다. 또한 영세성을 면치 못하고 있는 국내의 실험동물 생산설비 업체도 실험동물 사육시설의 발전을 위하여 활발한 투자와 기술개발에 힘쓸 것이다.

결과적으로 국내에서 개발된 우수한 barrier system에서 생산한 SPF 토끼를 안정적으로 공급받아 원활한 생명공학 및 안전성 연구가 활발하게 진행될 것으로 생각된다. 더불어 국내 축산업이 새로운 방향으로의 발전할 수 있으며 축산업의 첨단기술화 및 의약산업, 생명공학, 정밀화학 산업과의 연계를 형성하는 계기가 될 것이다.

3. 사회 · 문화적 측면

세계에는 실험동물의 복지에 관한 활동을 하는 단체가 다수 있으며, 그들의 비난과 주장도 천차만별하며 행동범위와 수단 또한 다양하다. 앞으로 이러한 국제적 활동이 국내에서도 각종 실험동물을 이용한 연구에 큰 영향을 미칠 것이다. 따라서 동물의 생명을 소중하게 다루고 무분별한 도살처분을 피해야만 하며, 연구에 필요한 수만큼의 동물만을 사용하여야만 한다. 이렇게 하기 위해서는 사용되는 동물의 질이 대단히 중요하다고 할 수 있으며, 사용하는 동물의 사육에 있어서도 동물복지를 충분히 고려한 환경에서 사육된 동물을 이용하면 이들의 비난이 조금은 감소될 것으로 생각된다.

따라서 양질의 동물생산이라는 점에서는 식용 단백질과 모피 생산을 위주로 하여 1차 산업으로 분류되어 왔던 개괄적 의미에서의 축산업의 목표와 다를 바 없지만 보다 부가가치가 높은 기술을 제공하고 서비스를 판매할 수 있다는 점에서 실험동물생산 기술의 확립 및 기반 기술구축은 매우 새로운 의미를 갖는 축산업이 될 수 있다고 본다.

대부분의 실험동물의 사육장은 비위생적이며, 각종 질병에 고통을 겪고 있는 것이 국내 실험동물 사육장의 현실이다. 이러한 여건에서 생산된 실험동물은 각종 연구에서 기대할 수 있는 결과를 제공할 수 없을 뿐만 아니라 혐오감까지 주게 된다. 그러므로 미생물적으로 조절된 환경을 이용한 실험동물의 사육이 가능하게 되면 이러한 것 또한 감소될 것이다. 생명공학 및 신약개발을 위한 각종 동물실험에서 필요로 하는 실험동물은 다양하고 또한 그 양도 적지는 않다. 따라서 이러한 분야의 발전을 위해서는 동물의 사용에 앞서 다양한 동물의 무균적 작출과 환경 조절된 시설에서 생산할 수 있는 체계가 갖추어져야 한다고 생각된다. 이렇게 함으로써 생명공학을 이용한 새로운 제품들이 꾸준히 개발되어 인류복지에 공헌할 수 있게 될 것이며, 이는 희생된 실험동물에 대한 인간이 베풀 수 있는 최소한의 보답일 것이다.

제 2 절 국내외 기술개발 현황

1. 국 내

SPF동물의 국내생산은 1976년에 수의과학연구소가 돼지를 이용하여 처음으로 국내에 소개하였으나, 농가의 호응을 얻지 못하여 무의미한 결과에 그쳤으며, 국제수준에 맞는 실험동물의 본격적인 생산체제는 1986년부터 생명공학연구소에서 mouse와 rat 중심으로 시작하여 오늘에 이르고 있다. 그러나 그 이후의 국내 SPF 동물의 생산은 대부분이 소형 설치동물에 국한되어 사육이 이루어지고 있는 것이 사실이며, 또한 SPF 동물의 사육시설에 관련된 기자재의 개발도 미흡한 상태에 있다. 한편 SPF 동물종류도 mouse나 rat에 국한되어 있어, 생명공학의 연구에서 필요로 하는 각종 동물을 생산 공급하기에는 아직 그 기술이 미흡한 실정이다.

각종의 실험동물에 따라 요구되는 시설과 사육방법이 다르고, 특히 토끼는 털 빠짐이 심한 것에 따른 사육시설 내의 오염이 해결되어야 하는 문제로 되어 있고, 이것이 결국 사육관련 청정시설의 유지방법에 가장 큰 장애로 되어있다. 또한 자궁적출술, 제왕절개술로 얻은 산자의 포유를 위한 인공유 개발도 mouse나 rat에 한정되어 있어 이 또한 개발되어야 할 과제이며, 사육 중인 SPF 토끼의 각종 미생물에 대한 오염도를 측정하는 monitoring 기술 확립과 효율적인 번식과 육종을 위한 인공 수정 및 수정란 이식기술도 아직 토끼에서는 적용되고 있지 않다. 또한 GLP 인증 등을 위해서 각종 안전성시험에 사용되는 동물의 수준이 SPF 수준의 동물이 요구되므로 SPF 토끼의 생산기술 확립이 시급한 실정이다.

2. 국 외

일본의 경우, FUNABASHI와 KITAYAMA LABES 회사에서는 1970년대 SPF 토끼를 확립하여 일본에서 토끼를 이용한 각종 신약개발과 약물 안전성 시험에 60% 이상을 SPF 토끼로 공급하고 있다. 또한 이러한 동물에 대한 기초 자료도 충분하게 확보하여 이들의 동물을 이용하여 연구를 하는 연구자들에게 효율적인 자료를 제공하고 있다.

제 3 절 무균자토의 생산기술

1. 토끼의 자궁적출기술

실험동물, 특히 포유동물의 미생물학적 품질을 높이기 위한 방법으로서 제왕절개(Caesarsotomy)와 자궁절단술(Hysterectomy)이 있다. 제왕절개술은 대부분 대동물을, 자궁절단술은 주로 소동물을 대상으로 하는 기술이다. 어느 것이나 태자를 특별하게 조절한 환경(Isolator)에서 무균적으로 적출하여 인공포유 또는 대리포유로 육성하는 것이다. 이러한 기술은 실험동물의 품질개량을 위해서는 반드시 필요한 기술이며, 태자가 출산직전까지는 무균상태에 있다고 하는 원리에 의해서 만들어 진다(中尾, 1994). 그러나 태반을 통과하는 병원체가 있으므로(上村, 1994와 Kitoh 등, 1998) 모축이 이러한 병원체에 오염이 되지 않았다는 전제이거나, 태자 적출이 완료되고 태자를 감싸고 있던 자궁과 태반에 대한 미생물학적인 검사를 통하여 태자가 오염되지 않았음을 반드시 확인해야 한다. 이를 보완하는 설명으로서, 무균동물과 노도바이오 동물(Gnotobiotes Animal)의 초기연구는 태반전체가 고성능 filter 역할을 한다는 사실이 밝혀지고 난 다음부터 가능하게 되었으며, 이러한 태반은 많은 기생충과 원충에 의한 감염과 동시에 세균성질환의 수직감염을 막을 수 있으므로 가능하다고 할 수 있으나, 어떤 종의 유충기의 선충류는 태반을 통과하는 것도 있으므로 작출한 무균동물과 노도바이오 동물에 대한 감염여부를 반드시 확인해야한다는 것도 설명하고 있다.

자궁절단술에 사용할 토끼는 미경산의 뉴질랜드 화이트 암컷을 자연교배시키고 임신을 여부를 확인한다. 자궁절단술의 예정일 2주일 전에 무균조작을 위한 수술용 아이서레이터(Isolator)를 무균상태로 유지시키기 위해 과초산을 분무하고, 자궁절단술 1주일 전에 오염여부를 검사한다. 임신 30일된 어미토끼를 자궁절단술 당일의 오전 중에 실험실로 옮겨 안정을 시키고 어미토끼 소독과 적출한 자궁의 소독을 위한 0.2% 과초산액을 37℃로 가온하여 준비한다. 한편 수술용 Isolator의 자궁반입용 트랩 내에도 2.0% micro quat 용액을 채우고 전기히터를 이용하여 37℃로 유지시키고, Isolator 바닥에는 온도조절이 가능한 가온판을 깔고, 백열전구를 설치하여 수술 Isolator 내부가 37℃가 되도록 한다. 임신모토를 셀렉탈(바이엘) 3㎖를 귀정맥에 주사하여 깊은 진정을 유지하고 준비한 37℃의 과초산 용액 중에 2~3분간 넣어 체표소독을 실시한 후, 어미토끼를 고정판 위에 올려 사지를 고정하고 자궁절단술을 위한 청정실로 옮긴다. 수술용 가위로 자궁정중선을 따라 외피를 절개하고 이어서 복근을 무균적으로 절개하여 자궁을 노출시킨다. 노출된 자궁의 상태를 확인하고, 자궁경과 양쪽의 난관자궁접합부를 절단하기 전에 겸자(forceps)를 이용하여 결찰 하여 태아가 감염되지 않도록 하고 수술용 가위로 결찰한 부위를 절단하여 태자가 들어 있는 자궁을 멸균한 자루에 담아 37℃로 가온한 micro quat(2.0%) 용액 중에 넣는다. 연결 상자(pass box)로 연결된 수술실로 절단한 자궁이 들어있는 용기를 반입하고, 이어서 자궁이 들어있는 자루를 조심스럽게 수술용 Isolator의 micro quat가 채워져 있는 트랩을 통하여 수술용 Isolator 내부로 반입시킨다. 반입한 자궁을 가온판 위에 올려 자궁표면에 묻은 소독액을 멸균한 거즈로 제거하고 가위와 핀셋을 이용하여 조심스럽게 자궁을 절개하고 태자를 적출하였다. 적출한 태자의 태반을 절단하고 체표의 혈액을 거즈로 제거한 다음, 가온판 위에 올려 보온한다. 자궁 내의 모든 태자를 적출한 후, 태자를 거즈로 닦았으며 이 자극을 통하여 태자를 소생시켰다. 적출한 모든 태자의 소생을 확인하고 깔 집을 10cm 두께로 넣어 멸균한 mouse용 플라스틱 케이지에 태자를 옮기고 cage를 37℃의 가온판에 올리고, 자궁과 태반의 오염여부를 판정하기 위한 모니터링을 미리 멸균하여 Isolator 내에 반입하여 준비한 면봉을 이용하여 도말법(smear method)으로 실시한다. 가온을 위해 점등하였던 백열전구를 소등하여 안정을 시키는 것을 끝으로 자궁절단술의 모든 과정을 완료한다(사진 9 - 1, 2, 3, 4, 5, 6).

자궁절단술이 완료되고 5시간 후에 저온살균하고(65℃, 30분) 200 눈(mesh)의 망으로 여과하여 준비한 토끼 젖을 37℃로 가온하여, 태자적출 후 3일까지는 초유, 4일부터 20일까지는 일반 젖, 21일부터 35일까지는 토끼 젖 50%와 산양유 50%를 혼합한 것을 1일 1회 어린 토끼 체중의 10%에 해당하는 양을 수유한다.

수유 방법은 생후 7일까지는 내경 0.5mm, 외경 1.52mm, 두께 0.5mm, 길이 10cm의 microbore tube(Tygon®)를 10㎖의 주사기에 부착한 주사바늘과 연결하여(사진 9-7), 튜브를 직접 토끼의 위 내로 약 5~7cm 밀어 넣고 서서히 주사기의 피스톤을 눌러 젖을 밀어 넣는다(사진 9-8).

생후 8일부터는 4cm의 실리콘 튜브(내경 2mm, 외경 3mm) 끝에 작은 구멍(직경 0.1mm 이하)을 만든 플라스틱을 삽입한 것(인공유두)을 내경 4mm의 실리콘 튜브에 연결하고, 반대쪽에 50㎖의 주사기와 연결하여 세워서 고정한다(사진 9-9). 37℃로 가온한 젖을 주사기에 담고 한 손에는 인공 유두를, 다른 한 손으로는 어린 토끼를 고정하고 인공 유두를 토끼의 구강 내에 넣어주어 스스로 젖을 흡입하도록 한다(사진 9-10).

생후 20일부터는 고압멸균(121℃, 15분)한 양배추를 자유롭게 채식하도록 하고(사진 9-11), 36일부터는 수유를 중단하고 양배추와 산양유로 반죽한 분말사료를 급이하고 생후 80일부터는 고형사료를 급이한다. 어린 토끼의 포유를 진행하는 동안 환경위생관리로 2일 간격으로 멸균한 깔 짚으로 더러워진 깔 짚을 교환하며, 청정실 내의 소독을 micro quat(2.0%)로 하고, 차아염소산 소다를 매일 교환하면서 멸균한 청소도구를 이용하여 청결을 유지하고 매주 1회 낙하균 검사와 도말 검사로 청정상태를 점검한다.

---

* 무균동물(Germ free Animal) 검출 가능한 미생물이 없는 동물
* 노도바이오 동물(Gnotobiotes Animal) 갖고 있는 미생물이 분명한 동물
* SPF 동물(Specific pathogen free Animal) 갖고 있는 미생물이 분명한 동물

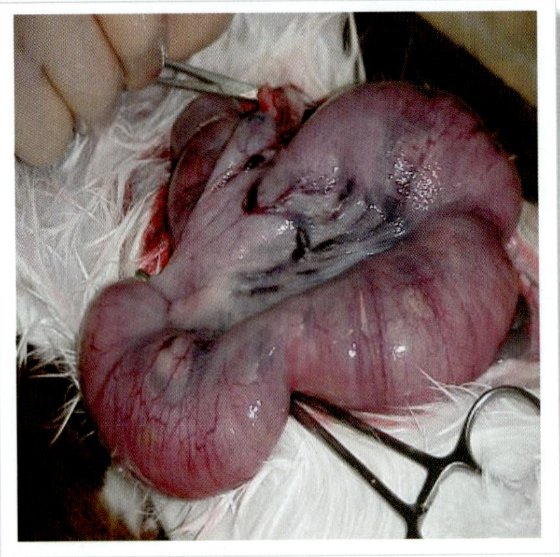

사진 9-1. 임신 30일에 개복하여 자궁 노출

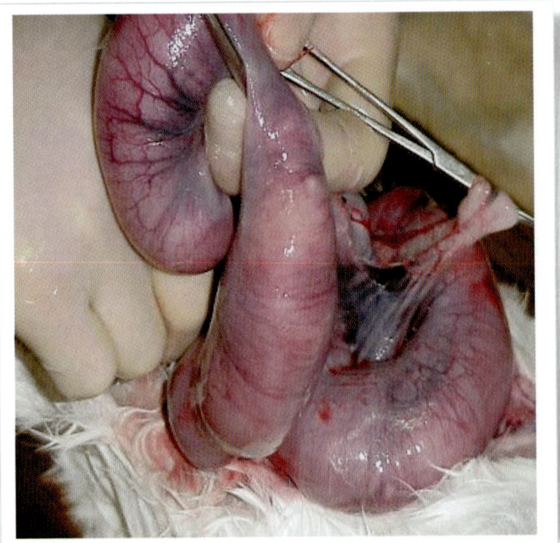

사진 9-2. 자궁 절단

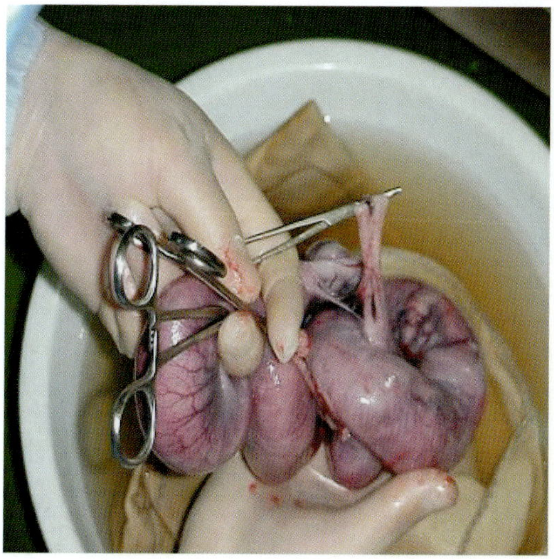

사진 9-3. 37℃ microquat 용액에서 자궁 멸균

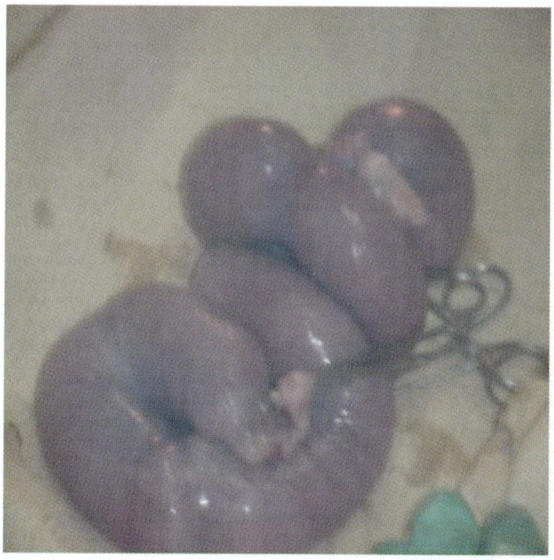

사진 9-4. 수술용 아이서레이터 내의 자궁

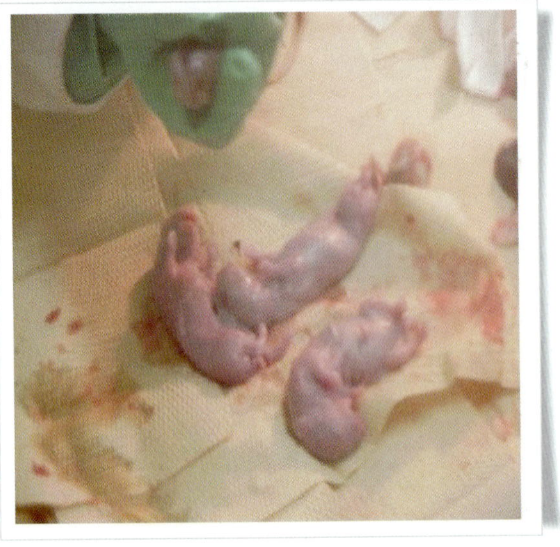

사진 9-5. 수술용 아이서레이터 내에서 자궁에서 태아추출

사진 9-6. 37℃ 보온케이지 내의 휴식하는 갓 태어난 토끼

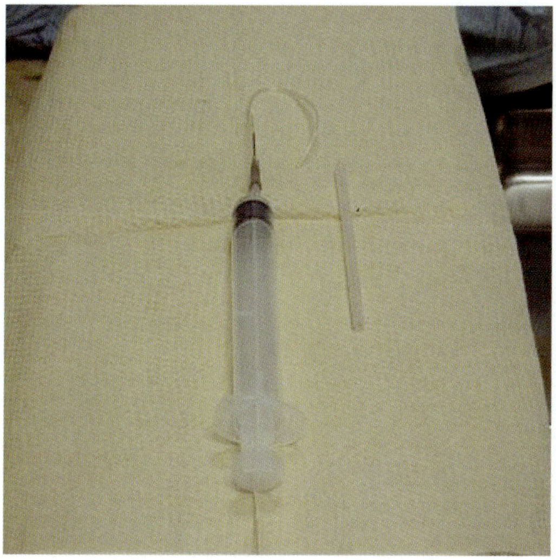

사진 9-7. 어린 토끼용 수유 카테타

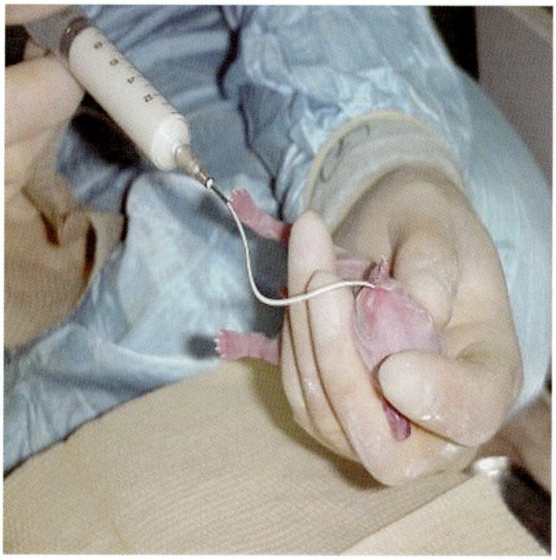

사진 9-8. Microbore 관이 달린 주사기를 이용한 수유장면

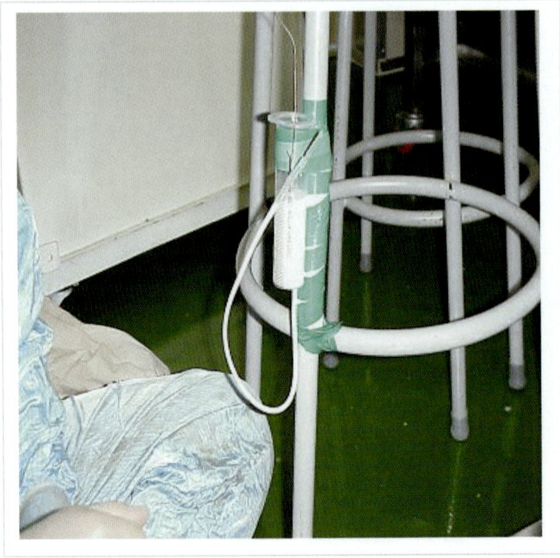

사진 9-9. 생후 8일 이후 어린 토끼를 위한 수유 카테타

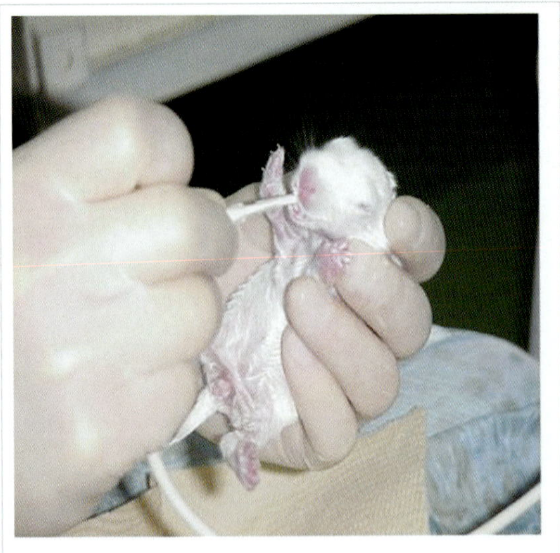

사진 9-10. 인공 젖꼭지를 이용한 수유 장면

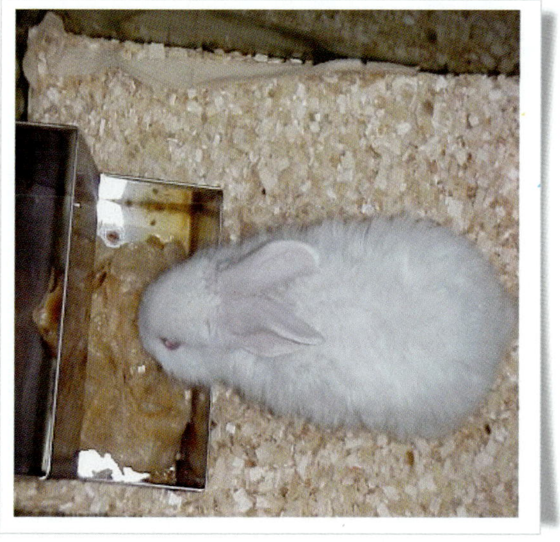

사진 9-11. 멸균한 양배추 급식 장면

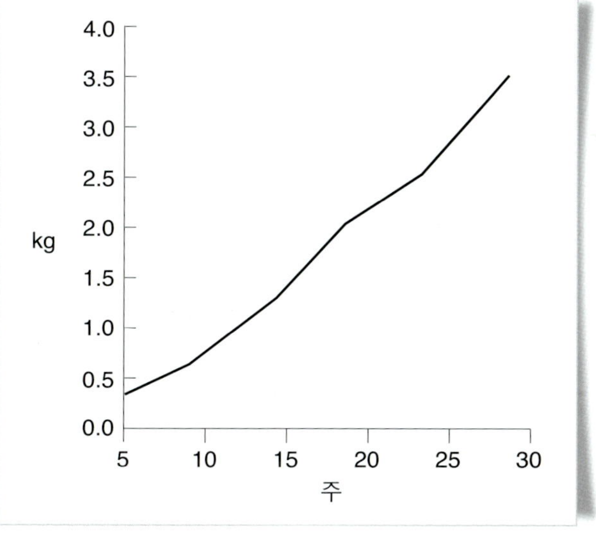

그림 9-1. 제왕 절개된 SPF 어린 토끼의 성장곡선

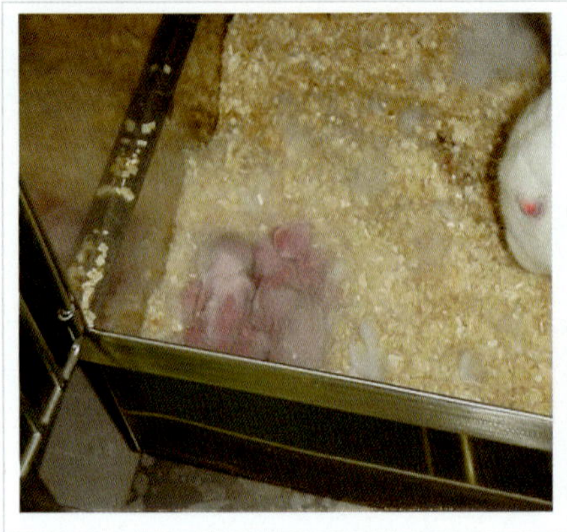

사진 9-12. SPF 모토에서 태어난 어린 토끼

2. 모토유 착유기술

무균 동물 또는 특정균부재 동물을 만들기 위해 분만직전 모체의 자궁에서 꺼내어진 신생동물을 대리모 동물을 이용하거나 대리모가 없을 때는 인공포유를 통해 무균환경 하에서 양육하여야 한다.

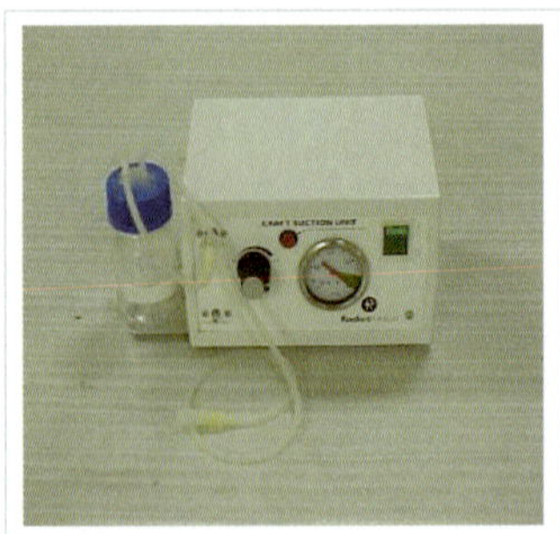

사진 9-13. 토끼 젖 착유기

SPF 토끼의 작출에 있어서는 반드시 인공유를 이용한 인공포유만이 가능하므로 인공유를 제조하기 위한 토끼 젖을 확보하는 것이 우선되어야 한다. 이를 위한 토끼 젖의 확보를 위해 직접 토끼의 유두를 통해 토끼에게 고통을 주지 않고 신속하게 젖을 착유할 수 있는 도구의 개발과 기술 확보가 필요하다.

착유기(徐 등, 2000)는 사진 9-13에서 보는 바와 같이 크게 진공펌프와 착유병으로 되어 있으며, 진공펌프는 소형의 음압용(Rocket medical, England) 펌프를 사용하고, 젖을 모으는 병은 100㎖의 유리병으로 뚜껑에 실리콘 튜브를 연결할 수 있는 연결관을 두 개 설치하여, 하나는 착유병 내의 진공을 형성하기 위해 진공펌프에 연결하고 다른 하나는 젖을 모으기 위해 유두에 밀착시킨다. 유두에 밀착시키는 튜브의 끝부분은 토끼 유두의 굵기에 맞추어 교체할 수 있도록 준비하고, 젖을 모으는 착유병과 실리콘 튜브 등은 사용직전 고압 멸균하여 사용한다.

착유는 분만한 어미토끼로부터 분만 당일에 어린 토끼를 분리하고 옥시토신(oxytocin, 6.0 IU/kg)을 피하주사(Marcus 등, 1990)하여 유즙분비를 자극시키고, 착유관을 70% ethyl alcohol로 소독하여 준비한 다음, 옥시토신(oxytocin) 주사 후 20분에 토끼를 복위로 하여 보정하고, 착유관을 유두에 끼워 보정하고 다른 한손으로는 유두 기저부를 마사지하면서 음압펌프를 작동하여 약 30분간 착유한다. 이때에 진공펌프의 음압은 400mmHG이 유지되도록 하였으며, 유두의 모세혈관이 파열되어 혈액이 혼입되지 않도록 진공압을 조절하면서 착유를 한다.

표 9-1. 자체 고안한 착유기를 이용하여 개체별 착유기간별 착유량 조사

No.	양(㎖)/착유기간(일)	No.	양(㎖)/착유기간(일)	No.	양(㎖)/착유기간(일)
1	1,039/17	16	881.6/23	31	1,179.9/23
2	429/14	17	1,003.7/27	32	1,304.1/27
3	1,261.9/33	18	574.6/17	33	499.8/17
4	938/21	19	1,349/31	34	1,360.1/31
5	494/14	20	1,063.2/24	35	1,082.4/24
6	645/23	21	622.9/19	36	917.7/19
7	769.5/19	22	1,460/30	37	1,329/30
8	845/26	23	1,144/22	38	1,058.2/22
9	1,475.1/33	24	1,077.3/27	39	1,204.2/27
10	1,158/25	25	456/16	40	398.4/16
11	1,212.3/27	26	1,137.6/26	41	1,235/26
12	1,457/28	27	974.6/22	42	987.8/22
13	800.8/28	28	808.2/18	43	792/18
14	312.6/15	29	1,076.4/23	44	1,173/23
15	1,137.8/24	30	1,217.7/27	45	1,339.2/27

徐 등(2000)의 실험의 결과에 의하면, 뉴질랜드 화이트 45마리로, 분만 후 1일부터 시작하여 평균 20일간 착유하였으며, 두 당 착유기간에 따른 착유량과 유량변화는 표 9-1에서 보는 바와 같다.

고안한 착유기를 이용하여 1회에 착유할 수 있는 젖의 양은 마리 당 15~140㎖로 평균 44.3㎖이었으며, 착유가 가능한 기간은 분만 후 17~33일로서 평균 20일 이었다. 이러한 결과는 Marcus 등(1990)이 보고한 43.5㎖의 평균 착유량은 비슷하였으나, 14일간의 착유기간에 비하여 본 착유방법이 1주일이상 길었다.

3. SPF 토끼의 증체속도 측정에 의한 유전 모니터링

토끼는 인체와 생리적으로 매우 유사하기 때문에 옛날부터 실험에 사용되어 대사, 면역, 혈액, 병리, 내분비 등 여러 분야에서 연구용 또는 검정용 목적으로 많이 이용되고 있다. 생식 독성학적인 측면에서 살펴보면 토끼는 배란조절이 용이하고, 발생독성물질에 민감하게 반응하며, 태아의 크기가 다른 설치류에 비해 상대적으로 커서 형태학적 관찰이 매우 용이한 장점을 갖고 있다. 또한 생식과 관련된 실험 기초 자료가 풍부하기 때문에 안전성 평가시 발생독성시험에 가장 많이 사용되고 있는 실험동물 중의 하나이다. 특히 항체를 만드는 데에 이용되는 면역학 연구와 약품의 발열시험, 기형유발시험 등에 있어 그 유용성이 최근에 들어 점점 높아지고 있다.

일반적으로 토끼는 강한 근교퇴화 현상으로 번식력의 저하가 현저하기 때문에 유전적 조절의 부분이 뒤떨어져 있고, 또한 사육시설의 설치와 유지 등에 요구되는 경비가 크다는 등의 이유로 미생물 조절에 있어서도 뒤떨어진 상태에 있다. 그리고 농가에서는 생산중심으로 되어 있는 상황에서 생산량은 계절적인 요인의 영향을 받기 쉬워 봄철의 공급부족이 만성적인 현상이다. 뿐만 아니라 실험 전 또는 실험 중에 폐사와 도태 등으로 실험자는 실험에서 요구되는 실제 마리수보다 더 많은 토끼를 요구하게 되고 이로 인해 사육시설, 사육장비, 사료 및 관리인력 등이 더 많이 필요하게 된다. 이와 같이 국내에서 실험동물로서 토끼의 사용은 소형 설치류에 비해 실험의 정도와 경제적인 면에서 비효율적이다. 이를 극복하기 위해 토끼품질의 고급화와 함께 연중 안정적인 생산 공급체제 구축이 필요하다.

徐와 金(1999)이 천안연암대학 실습농장에서 사육중인 뉴질랜드 화이트 임신토끼에서 자궁적출술 방식으로 Isolator에서 태자를 무균적으로 적출하고 인공포육한 뒤 Barrier 사육시설 내에서 사육, 번식하여 *Pasteurella multocida*, *Bodetella bronchiseptica*, *Salmonella* spp. *Eimeria* spp. *Ear mange*, *body mange*, *Sendai virus*(HVJ), *mycoplasma*에 대해 free한 SPF 토끼의 생산에 성공하였고, 이러한 토끼의 유전적인 특성을 명확하게 하기 위해 토끼의 체중 변화를 주령, 동복 산자수, 성별로 구분하여 조사하였다.

번식군은 윤환교배방식으로 교배하여 최대한 근교화를 억제하고, 후보 번식군은 산자수, 포유능력, 이유자토 수, 연산력 등의 자료를 기초로 선발하여 우량한 후보토를 확보하였다.

실험토의 생산방식은 분만간격을 7주, 즉 분만 후 3주에 교배하는 방식을 채택하여 연간 7~8회 생산하며, 어린 토끼는 6주간 포유 후 이유시키며, 8주령까지는 한 배새끼를 동일한 케이지 내에서 사육하고 9주령에 개체별 사육을 실시하였다.

Barrier system 시설의 사육환경은 온도 22±4℃, 습도 50±15%, 환기회수는 15회/시간, 조명은 12시간 인공조명을 실시하였다.

Cage는 스텐레스 제로서 3주 간격으로 멸균하여 교체하고 있으며, 사료는 "퓨리나 주식회사"의 pellet 토끼사료(무항생제)를 121℃, 5분간 고압증기 멸균한 것을 제한급식(체중 3㎏ 기준 1일 200g)시켰으며, 음수는 1차적으로 차아염소산으로 소독한 다음 사육실에 설비한 water filter(5㎛)로 여과하고 이어서 자외선 유수살균기로 살균한 것을 니플(nipple)을 통하여 공급하였다.

체중측정에 공시한 토끼 수는 26마리의 어미에서 태어난 산자수 중 포유 개시한 183마리(평균 산자수: 7마리)를 대상으로 분만 후 1주부터 8주령까지는 복별로, 9주령부터 14주령까지는 개체별로 체중을 측정하고, 체중의 변화를 주령, 동복 산자수, 성별로 구분하여 조사하였다.

체중측정에서 얻어진 결과의 통계적 유의성은 Fisher의 PLSD로 처리하였다.

1) 주령에 따른 체중의 변화

분만 후 주령에 따른 체중 변화는 표 9-2에서 보는 바와 같다. 각 주령별간에는 유의한 증가(P<0.05)가 인정되었으며, 생후 2주령에 분만 후 1주령의 체중에 비하

여 약 2배의 증체가 인정되었으며, 일당 증체량은 약 12.8g 정도였다. 분만 후 사료 섭취가 시작되는 4주령부터는 체중이 급격하게 증가하여 분만 후 1주령 체중의 5배에 달하였으며, 분만 후 6주령, 즉 이유 시에는 분만 1주령 체중의 10배인 1,138g에 도달하였으며, 이후부터는 매주 200~300g의 증체를 나타내고 14주령에 2,994.5±44.0g에 도달하였으며, 이것을 분만 1주부터 일당 증체량을 보면 1일에 약 28.9g씩 증가하는 것이 된다.

표 9-2. SPF 어린 토끼의 주령별 체중변화 (Mean±S.D.)

주 령	체 중(g)	주 령	체 중(g)
1	112.10±4.10	8	1,747.6±36.6*
2	202.50±7.80*	9	1,964.0±37.0*
3	304.20±11.1*	10	2,210.7±31.8*
4	524.10±18.1*	11	2,431.1±34.8*
5	844.10±22.3*	12	2,621.8±34.3*
6	1,138.8±28.0*	13	2,775.6±37.7*
7	1,430.7±27.2*	14	2,944.5±44.0*

* : Significantly different at $P<0.05$ compared with before week, respectively.

표 9-3. SPF 토끼의 복당 산자수 분포

복당산자수	모토 수	복당산자수	모토 수
3	1	7	2
4	1	8	6
5	3	9	5
6	7	12	1

2) 동복 산자수에 따른 체중변화

동복산자수와 증체량의 관계를 검토하기 위해 26복의 동복산자수 7마리 이하(3~7마리), 8마리 이상(8~12마리)으로 구분하여, 산자수가 같은 복수가 2복 이상의 산자에서 분만 후 1주부터 14주까지 체중을 측정하였으며, 그 결과는 표 9-4에서 보는 바와 같다.

산자수 7마리 이하의 주령별 증체율에서는 2주령 이후 부터 매 주령간에 유의한 증체가 인정되었다(P<0.05). 한편 산자수 8이상에 있어서는 3주령부터 매 주령간에 유의적인 증체가 인정되었다(P<0.05).

동복산자수 처리간에 있어서의 증체율은, 분만 후 3주까지는 유의차이가 인정되지 않았지만, 사료의 섭취가 활발해지는 4주부터 11주까지는 산자수 7마리 이하가 8마리 이상에 비하여 주령별 100g 이상 증체가 되어 유의한 차이가 인정되었고(P<0.05), 12주부터 14주령까지는 비슷한 증체를 보였으며, 분만 후 1주부터 14주까지의 일당 평균 증체량은 산자수 7마리 이하에서는 29.1g, 8마리 이상에서는 28.6g로 산자수가 적은 쪽의 일당 증체량이 0.5g 많았으나 유의적인 차이는 인정되지 않았다.

표 9-4. 복당 산자수와 주령별 SPF 토끼 체중변화 (Mean±S.D.)

주 령	7두 이하(g)	8두 이상(g)
1	120.90±6.40	101.9±3.1
2	223.50±10.2*	178.4±7.8
3	343.0±12.5*	259.0±6.9*
4	574.2±23.4*	465.7±16.8*
5	899.7±26.9*	779.5±27.3*
6	1,207.5±37.5*	1,058.9±28.7*
7	1,493.1±40.3*	1,357.9±22.4*
8	1,824.2±54.9*	1,654.6±32.1*
9	2,050.3±52.0*	1,863.2±36.1*
10	2,268.2±46.4*	2,143.7±35.4*
11	2,486.3±52.7*	2,366.8±37.8*
12	2,669.4±53.6*	2,566.3±36.3*
13	2,810.5±59.5*	2,740.2±44.1*
14	2,979.2±73.8*	2,904.0±41.7*

* : Significantly different at P<0.05 compared with before week, respectively.

3) 성별에 따른 체중변화

성별간의 증체를 검토하기 위해 개체별 사육을 개시하는 9주령부터 암수를 구분하여 체중을 측정하였다(표 9-5). 각 주령별 암수간의 체중증체에 따른 유의차는 체중 측정의 전 기간에서 인정되지 않았으나, 주령수가 증가함에 따라서 암컷이 수컷에 비하여 약간 높은 체중을 나타냈다. 한편 암수 모두 매 주령에 있어 전 주령에 비하여 유의하게 체중이 증가하는 것이 인정되었다($P<0.05$).

Pasteurella multocida, *Bodetella bronchiseptica*, *Salmonella* spp. *Eimeria* spp. *Ear mange*, *body mange*, *Sendai virus*(HVJ), *mycoplasma* 등 8가지 항목을 Barrier 내에서 사육하면서 통제하고 번식한 SPF 어린 토끼의 체중변화를 주령, 동복산자수, 성별로 측정하여 생산현장에서는 출하적기를 맞추기 위함과 연구자들에 있어서는 각종 안전성연구에 있어 적합한 주령과 체중을 사전에 파악함으로써 원활한 시험을 도모하기 위한 자료를 제공하기 위해 실험을 실시하였다.

뉴질랜드 화이트와 일본 백색종에 있어서 태어난 신생 토끼는 생후 1주에 체중의 2배가 되며, 3개월령까지는 1일 15~20g씩 증가한다고 보고하고 있으나(이영순, 1989), 본 연구에서는 분만 후 14주령까지의 1일 증체량은 28.9g로 매우 높게 나타났으며, 생후 2주령에 분만 후 1주령 체중의 약 2배, 사료섭취가 시작되는 4주령째에는 5배에 달하였으며, 분만 후 6주령에는 10배인 1,138g에 도달하는 것으로 확인되었다. 이것은 아마도 사료의 질적 향상과 동물의 사육환경이 개선된 것에 의한 효과라고 생각된다.

현재 SPF 토끼의 사육과 번식을 위해 공급하는 사료의 구성성분을 보면, 조단백질 15.0% 이상, 조지방 2.0% 이상, 조섬유 15.0% 이상, 조회분 10.0% 이하, 칼슘 1.20% 이상, 인 0.5% 이상인 것을 사용하고 있으며, 이것은 일본의 오리엔탈효모주식회사에서 육성용으로 생산하는 사료의 조단백질 21.02% 이상, 조지방 2.87% 이상, 조섬유 15.08% 이상, 조회분 8.59% 이하, 칼슘 1.38% 이상, 인 0.54% 이상인 것과 비교하여 조단백질과 조지방에서 다소 차이를 보이고 있으며, 이 사료를 급여하여 육성한 일반 뉴질랜드 화이트 토끼의 13주령에 측정한 체중이 약 2.75kg로서 2,775.6g인 본 실험의 결과와 유사하였으며, 이 사료를 SPF 토끼에 급여하고 14주령에 체중을 측정한 결과 3.25kg에 도달하여 본 실험에서 얻은 2,944.5g에 비하여 약간 높았다(堀内 와 輿水, 1989).

한편 NRC 사양표준(1977)에 의하면, 성장기에 필요한 영양소 요구량을, 조단백질 16.0% 이상, 조지방 2.0% 이상, 조섬유 10~12% 이상, 칼슘 0.4% 이상, 인

표 9-5. 성과 주령별 SPF 새끼토끼의 체중변화

주 령	체 중(g, Mean±S.D.)	
	수 컷	암 컷
9	1,895.3±41.5	1,868.0±55.2
10	2,227.7±42.4*	2,212.2±33.9*
11	2,435.9±47.6*	2,428.1±31.2*
12	2,630.4±49.6*	2,644.7±33.4*
13	2,764.0±52.0*	2,825.2±35.3*
14	2,936.8±56.4*	3,013.3±35.7*

* : Significantly different at $P<0.05$ compared with before week, respectively.

0.22% 이상의 영양소를 공급하는 것을 권장하고 있어, 본 연구에서 급여하고 있는 사료의 영양소 함량은 토끼성장에 있어서 요구되는 영양소를 공급하기에 적합한 사료인 것으로 생각된다.

동복산자수에 따라 7마리 이하 또는 8마리 이상으로 구분하여 체중을 측정한 결과, 분만 후 3주까지는 유의차이가 인정되지 않았지만, 사료의 섭취가 활발해지는 4주부터 11주까지는 산자수 7마리 이하가 8마리 이상에 비하여 주령별 100g 이상의 증체가 인정되어, 뉴질랜드 화이트의 SPF 토끼의 모토 마리당 포유두수를 7마리로 조절하여 포유를 시키는 것이 어린 토끼의 발육에 유리하다고 판단되며, 이를 위해서 분만 후 모토간에 양자를 들이거나 보내는 방법을 적용하는 것이 어린 토끼에게 충분한 수유가 가능하여 초기발육이 개선될 것으로 생각된다.

성별에 따른 증체를 검토한 결과, 체중 측정의 전 기간에 있어 차이는 인정되지 않았으나, 주령수가 증가함에 따라서 암컷이 수컷에 비하여 높았다.

이상의 결과는 Barrier 시설 내에서 사육한 SPF 토끼는 매 주령별로 유의한 체중 증가가 인정되며, 포유개시두수를 7마리 정도로 조절하는 것이 어린 토끼의 초기발육에 유리하다는 것을 알 수 있었으며, SPF 토끼를 이용한 각종의 안전성연구에 있어 적합한 토끼의 체중과 주령의 선택을 위한 참고자료로 활용할 수 있을 것으로 생각된다.

제 10 장 토사와 그 부속시설

제 1 절 토 사(Rabbitries)

토사의 주 역할은 토끼가 외부의 스트레스를 적게 받으면서 높은 생산성을 얻을 수 있으며, 나아가 사육자에게도 작업에 편리하도록 하여야 할 것이다. 따라서 토사의 설계는 사육규모와 입지조건에 따라 다르다. 토끼는 경제적 동물이기 때문에 최대한 경제적인 축사를 지어야 한다. 실제 건축시 토끼의 입장에서 생각하고 동시에 사육자 함께 같이 생활한다는 생각을 가지고 건설하여야 할 것이다.

토사의 설계에 있어서 고려할 조건으로서는 사육두수 및 노동력, 부지면적, 지형, 급수, 배수, 배합사료 구입 또는 자가 배합 등이 있다.

〈토사부지 선정시 고려해야 할 조건〉

① 통풍이 잘되고 배수가 좋으며, 햇볕이 잘 들어오는 곳
② 남쪽 또는 남남동쪽으로 완만한 경사지가 있는 곳
③ 북서쪽에 방풍림이 있는 곳
④ 교통, 도로가 편리한 곳

1. 우 리(Hutches)

부업 또는 취업의 경우는 토사 대신에 우리를 만들어 사육한다. 우리는 소규모(50두 미만)의 토끼를 사육하는 곳으로 1층식과 복층식이 있다. 1층식은 10두미만의 토끼를 사육할 때 이용되며 모양이 간단하고 제작경비가 적게 든다. 반면에 복층식은 사육두수는 증가하나 보다 견고한 구조를 요하며 따라서 제작비가 많이 소요된다. 집토끼 우리 제작에 기본적인 사항으로 재료 전체를 금속으로 하는 것이

다. 우리의 측면, 전면, 후면 그리고 천장은 일반적으로 25mm×25mm 또는 25mm ×50mm의 눈목 철망을 사용한다. 우리 바닥도 철사망을 사용한다. 적당한 것은 13mm×25mm의 눈목과 14~16번 굵기로 한다. 복층식 우리의 바닥은 상단에서 분뇨가 떨어져서 하층의 토끼에게 오염되는 것을 방지하기 위해 평판제를 사용한다. 그 평판은 하단의 천정이 되는 동시에 분뇨를 받는 역할을 하게 된다. 이 평판은 금속제나 플라스틱제로 하며 케이지 뒤쪽으로 경사지게 해서 쉽게 분뇨가 밖으로 흐를 수 있도록 한다. 우리의 크기에 대해서 생체중량 0.5kg에 대해 0.1m^{2}의 바닥면적이 필요하다. 우리의 형태와 모양은 아주 다양하며, 또한 우리의 재료도 그 지방의 특색과 사육자의 취향에 따라 다양하다.

사진 10-1. 이동식 토끼 우리

사진 10-2. 이동식 토끼 우리 내부

사진 10-3. 다단식 우리 전면

사진 10-4. 다단식 우리 후면

사진 10-5. 우리 케이지 전면

사진 10-6. 우리 케이지와 토끼가족

2. 토 사

적합한 건물의 형태 결정은 사육지역의 기상 조건에 따라 크게 달라진다. 요는 집토끼가 거주하기 좋은 장소인 동시에 사육자가 관리하는 데 편리한 형태를 갖추어야 한다. 건물의 형태는 간결하고 집토끼가 비나 직사광선으로부터 보호되고 나아가 충분한 광선과 공기를 받을 수 있으면 될 것이다. 온난한 지역에서는 지붕 밑에 사육상을 두고 직사일광을 피하는 것만으로도 좋을 것이다. 덥고 추운 지방에서는 냉난방 방법을 강구하여야 할 것이다.

건물의 크기는 희망하는 생산 규모에 따라 결정되며, 그 면적은 사육상과 통로를 포함하여 100두 번식모토를 수용하기 위해서는 15.4m×25.2m, 11.4m×19.2m의 건물이 필요하게 된다. 물론 설치할 통로의 폭이나 케이지의 규격 그리고 케이지 열수에 따라 다르게 될 수 있다. 2열의 사육상을 동시에 관리해 작업시간을 단축하기 위해서는 사육상을 마주보게 배열한다. 그리고 통로의 수는 3,5,7보다는 2,4,6으로 해서 사육자가 일을 시작한 측과 같은 측에서 일을 끝낼 수 있도록 한다.

일반적으로 상업용 토사는 개방형 토사와 무창형 토사가 있다. 개방형 토사는 자연환기 방식으로 벽 아래 부분에서 공기가 들어와 지붕 위로 나가는 것이 일반적인 방식이다. 개방식의 장점은 건축비가 싸고, 여름철 지붕의 단열만으로 축사 내의 온도가 외기의 온도와 비슷하게 할 수 있다. 단점으로는 방역상 미생물의 침입을 방지하기가 어렵고, 겨울에 축사 내의 온도가 생산에 적합한 온도 이하로 되고 냉풍이 들어온다는 점이다.

무창형 토사는 천장 및 벽부분에 단열을 실시하고 환기팬으로 강제 환기를 행한다. 축사 내의 온 습도 및 공기 성분의 조정을 자동제어 장치에 의해 행한다. 일반적으로 사내 공기의 교환은 시간당 20회가 적당하고, 실내 온도는 25℃와 상대습도 40~60% 수준이 적절하다. 더운 여름에는 가는 안개 분무에 의한 증발식 쿨링시스템 또는 자동차 라지에터 또는 쿨링메트를 통하여 지하수를 흘러보내서 실내 온도를 내리는 장치를 하여 실내온도를 내린다.

토사의 바닥을 콘크리트로 하는 것이 가장 좋은 것은 아니다. 콘크리트 바닥은 과도한 습기와 암모니아 수준을 유발한다. 또한 액체성 쓰레기는 쉽게 제거할 수 없다. 좋은 방법으로는 케이지 밑에 비트를 설치하는 것이다. 케이지 열 사이의 간격을 90cm로 해서 콘크리트 통로를 만들고 케이지 밑에는 자갈과 모래로 다공성의 비트를 만들어 배수가 잘되도록 한다. 분은 위에 축적이 되고 1년, 반년 또는 상황에 따라 주기적으로 제거해주면 될 것이다. 자갈과 모래층이 있는 한 오줌은 고이지 않기 때문에 축사 내의 습도가 증가되지 않는다. 분 제거는 손으로 하든지 스크레퍼(scraper)를 장착하여 자동으로 제거할 수 있다.

사진 10-7. 분뇨 스크레퍼

가장 일반적인 토사는 중앙에 통로가 있고 양측에 케이지가 설치되어 있는 형태인 2열형 토사이지만, 기타 4열, 6열 또는 그 이상의 열을 가진 토사도 건설되고 있다. 다열형 토사는 사망률이 높고, 건축비가 높아 권장할 형태는 아니다. 사망률이 높은 원인의 하나는 환기에 문제가 있다고 생각되어진다. 즉 2열의 케이지 경우에는 분뇨가 직접 외기에 접촉하고 또한 일광에 의해 건조가 잘되는 반면에 다열의 경우에는 분뇨의 건조가 나쁘다. 건조가 불충분한 분뇨는 악취를 낼 뿐 만아니라 발효가스에 의해 축사환경이 나빠지고, 그 결과 사망률이 증가된다고 생각되어진다. 그러나 대규모 실험동물로 토끼가 사육될 경우 외부의 병원균을 차단하기 위해 밀폐형 축사에 다열의 케이지가 설치되며, 강제 환기방식을 채택하고 있다.

지붕의 높이는 우리나라의 여름 삼복 무더위에 대비하여 환기가 잘 되도록 하여야 한다. 일반적으로 지붕이 높은 경우는 환기는 잘 되어 여름의 더위에 좋지만, 겨울철 보온의 점에서는 불리하고 건축비가 많이 든다. 재질은 보통 샌드위치 판넬이 많이 쓰인다.

축사의 외벽은 샌드위치 판넬을 사용하든지, 외벽을 개방하고 윈치커텐을 설치하여 여름에는 걷어 올려 통풍을 좋게 하고, 겨울에는 내려 막아서 방풍을 통한 보온을 해준다.

사진 10-8. 상업용 토사 내부

사진 10-9. 상업용 토사 내부

사진 10-10. 실험용 토끼생산 토사 내부

사진 10-11. 실험용 토끼생산 토사 내부

제 2 절 케이지 · 급수기 · 급이기 · 분만상

1. 사육케이지

사육케이지는 크게 번식모토용과 육성토용으로 구분한다. 번식모토용은 어미가 새끼를 낳아 젖을 뗄 때까지, 즉 분만 후 6주까지 어미와 새끼가 생활하는 케이지이며, 육성용 케이지는 수컷 종토와 후보 종토, 육성토가 사육되어지는 곳이다.

번식모토용 케이지 규격은 폭 0.9m, 길이 0.75m, 높이 0.4m가 권장된다. 많은 양토장에서는 급이기가 케이지의 외측에 장착되어 있다. 어린 토끼를 위한 급수기나 분만상은 어린 토끼가 3주령이 되면 치우고 케이지 바닥의 전부가 어미토끼와 어린 토끼의 활동장소로 된다.

문짝의 위치는 전면과 상부로 열리는 두 가지 형태가 있다. 전면 문짝은 잠글 때와 열릴 때 고정시키는 고리가 있어야 한다.

이 형태의 케이지는 통로면 보다 약간 높게 적당한 높이로 걸어두면 케이지 전체에 관리자의 손이 닿을 수 있기 때문에 편리하다.

분만상과 급이기를 전면에 부착 해주면 케이지의 문을 열지 않고 급이와 분만상 내 새끼의 관찰이 편리하다.

사진 10-12. 3단 케이지

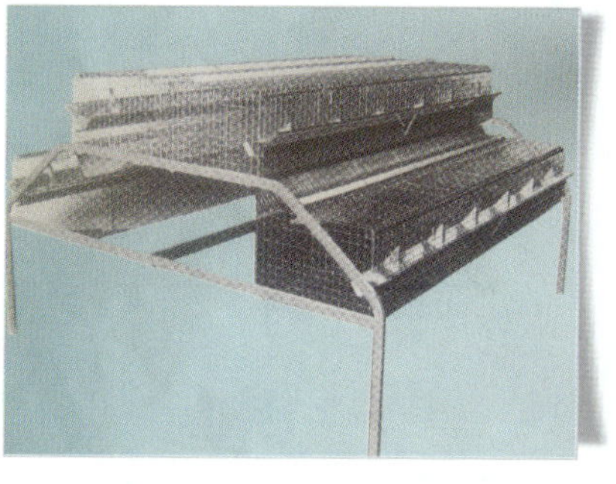

사진 10-13. 2단 케이지

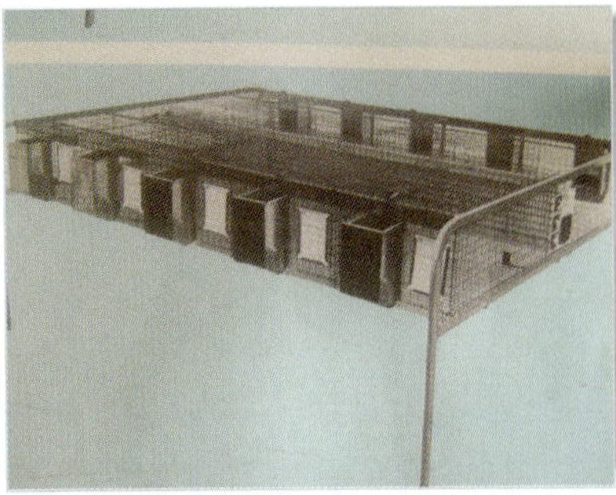

사진 10-14. 1단 케이지

사진 10-15. 자동 1단 케이지

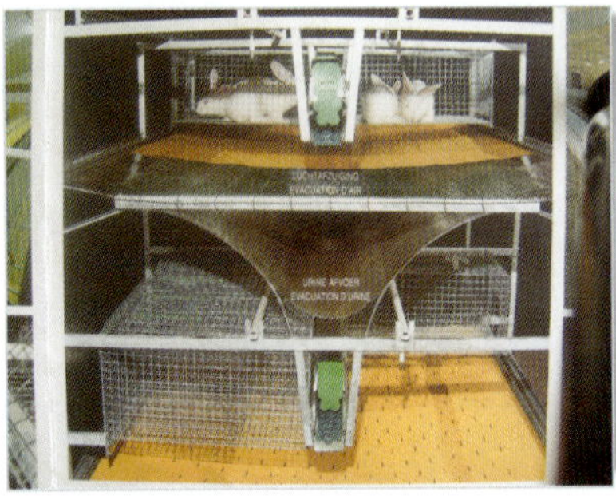

사진 10-16. 분뇨 자동 처리기

사진 10-17. 케이지 설치광경

사진 10-18. 2단 케이지 토끼 사육광경

사진 10-19. 1단 케이지 토끼 사육광경

2. 급이기와 급수기

급이기로 뚜껑이 없는 용기를 사용할 수 있지만, 이들 용기에 넣은 펠렛형의 사료는 어린 토끼에 의해 오염되기도 하고 흩어 놓기도 하기 때문에 수시로 내용을 점검할 필요가 있다. 함석 또는 스텐 재질의 급이기는 대규모 상업적 농장에서 적합하고 어린 토끼와 성토 어느 곳에 사용하드라도 능률적이다. 급이기를 케이지 전면 외측에 부착하면, 사육상의 문을 열고 닫지 않고 사료를 줄 수 있고 케이지 이용면적이 넓고 또한 청소작업이 편리하다. 급이기를 바닥에서 10cm 넘지 않는 높이에 부착해 어린 토끼라도 먹이를 먹을 수 있도록 한다. 급이기의 용량은 0.9kg에서 3.2kg까지 여러 종류가 있고 뚜껑이 있는 형도 있고, 개체식별을 가능하기 위해 사육카드를 삽입할 수 있도록 된 형태도 있다.

포장 사료의 저장과 취급에는 어느 양토장에서도 골칫거리 이다. 대형사료 탱크는 이 문제를 해결할 수 있다. 양토장의 어느 곳에도 설치가 가능하며, 소형 운반도구를 이용하여 운반하든지 규모가 큰 농장에는 자동 이송장치를 통해서 직접 급이기에 이송할 수 있다. 사료저장 탱크 아래쪽에 먼지, 사료분말을 걸러낼 수 있는 채를 장착하여 급이기에 항상 양질의 사료가 공급되고 또한 청결을 유지하는 데 노력이 절감된다.

자동 급수장치, 즉 파이프라인 급수장치는 상업적 양토장에서 널리 채용되고 있다. 이 방법에 의해 수세, 청소 그리고 급수를 위한 노동력과 노동시간이 크게 성력화되어 신선하고 청정한 음수를 항시 공급해줄 수 있게 되었다. 그러나 추운 계절에는 열선으로 수도관을 피복하든가 관내에 가온선을 넣어 동결을 방지하지 않으면 안된다. 일반적으로 사용되는 장치는 floating ball을 가진 감압 물탱크와 12mm 급수관을 연결해 각 케이지에 니플과 연결된다. 감압 물탱크를 사육상보다 30cm 또는 그 이상의 높이에 설치하여 급수관 내의 압력을 적당하게 항시 유지해준다. 급수관의 내압이 너무 강하면 토끼가 니플을 누르는데 곤란을 느끼고, 한편 약하면 물이 세는 원인이 된다. 이 급수관의 장착위치는 대 · 중형 품종에서는 바닥에서 23cm, 소형품종에서는 18cm의 높이에 설치한다. 관은 케이지의 뒷면 외측에 달고 니플은 케이지 내로 나오게 한다. 만약 사육상이 서로 맞붙어 배열되어 있다면 1개의 급수관에 의해 양쪽 케이지에 급수한다. 니플의 위치는 케이지의 면과 경사각도가 45도로 하는 것이 좋다. 만약 케이지 바닥과 평행상태로 하면 누수가 쉽고, 이것을 똑바로 아래로 하면 물을 빨아 먹기가 어렵다. 자동수평급수장치에서는 니플 대신에 워터컵을 사용하여 감압탱크의 수면과 원하는 워터급 물량을 수평으로 일치시켜 물이 줄어들면 항상 그 높이로 물이 자동으로 채워지는 방식이다. 단 이 자동수평급수장치에서는 모든 케이지가 똑같은 높이에서 일정하게 설치되어야 하며, 그렇지 않을 경우 워터컵에 물이 넘치든지 아니면 물이 조금밖에 채워지지 않을 경우가 발생한다. 자동급수장치는 니플을 매일 점검하여 물이 새는지를 확인하고 즉시 수리해준다. 또한 사료섭취량이 떨어지는 토끼에서는 니플에서 정상적으로 물이 나오는지 확인해야 한다.

사진 10-20. 니플 급수

사진 10-21. 니플 급수 및 배수

사진 10-22. 수평식 자동급수장치

사진 10-23. 자동급이장치

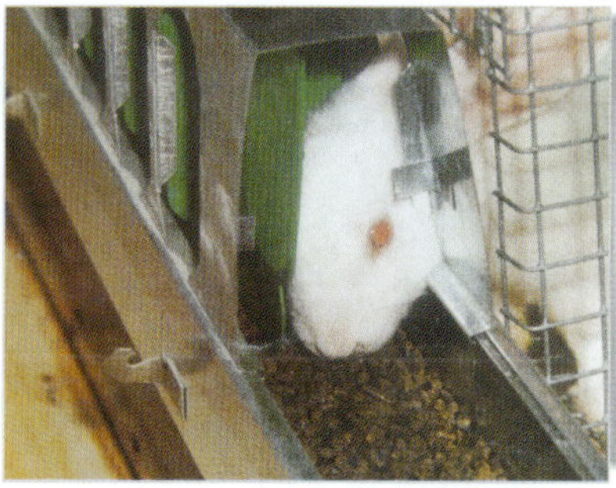

사진 10-24. 사료통

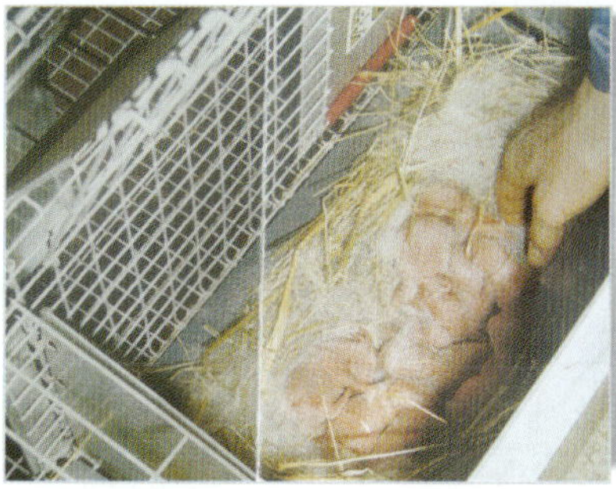

사진 10-25. 분만상자

사진 10-26. 급이기와 급수기

3. 분만상(Nest box)

분만상은 분만하는 어미토끼에 은신할 장소를 주고, 태어난 어린 토끼에게는 쾌적하고 안전한 장소를 제공한다. 분만상의 크기에는 여러 가지 있지만 일반적으로 채용되고 있는 것의 규격은 폭 23~30cm, 길이 45~55cm, 높이는 뒤쪽은 30cm, 앞쪽은 23cm이다.

따뜻한 계절에는 개방된 상자라도 좋지만 추운 곳에서는 일부를 덮는 상자를 권장한다. 분만상은 보통 목재이고, 갉아먹는 것을 방지하기위해 그 가장자리만을 금속으로 테두리 한다. 어미토끼의 영소작업을 도운다는 의미에서 어미가 뽑은 털과는 별도로 적당한 영소재료를 보충해준다. 일반적으로 각종 짚류(볏짚, 밀짚)를 사용한다. 그밖에 포장할 때 완충제로 사용하는 종이, 나무 등이 자리깃으로 사용된다.

제 11 장 질병의 예방 및 치료

다른 모든 가축과 마찬가지로 토끼도 여러 가지 질병이 발생한다. 특히 토끼는 타 가축과 달리 몸집이 작고 비교적 연약한 관계로 외부환경 및 질병에 민감한 반응을 보이며 쉽게 죽는 경우가 많다. 그러므로 우선 무엇보다도 중요한 것은 질병에 걸리지 않게 사전 예방관리를 철저히 하는 것이 첫째 조건이 된다. 또한 질병에 걸렸다면 초기에 발견하여 조속한 치료를 해야 한다. 그러나 토끼가 과연 질병에 걸렸는지 아닌지를 언뜻 보아서는 식별하기가 어렵다. 토끼의 질병발생 여부를 알기 위해서는 우선 건강한 상태의 기준을 알아두는 것이 중요하다.

제 1 절 질병의 예방

1. 건강한 토끼의 기준

원기가 왕성하고 동작이 활발하며 항상 예민하다. 즉 어떤 소리에도 도망을 잘 하며, 먹이를 줄 때 신속히 다가온다.

2. 병토를 쉽게 알아내는 법

1) 똥과 오줌에 의한 진단

- 똥의 상태가 평상시처럼 고르지 못하고 크다, 작았다, 물렀다 하는 것 (위장장해, 고창증, 콕시듐)
- 묽은 똥을 항문 언저리에 묻히고 있는 경우
- 양이 적어지고 동시에 혼탁한 오줌을 쉴새없이 질금질금 싼다.

2) 용모와 거동에 의한 진단

(1) 시 초

- 몸 전체의 털이 일어서는데 특히 안면은 한층 더한다.
- 코에서는 점액이 흐르며 또 코 부근에 오물이 많다.

(2) 악 화

- 입 부근에는 분 뇨 같은 오물이 붙어있다.
- 눈에는 생기가 없다.

(3) 중 태

- 굽어진 다리를 죽 뻗고 찔뚝거린다.
- 토끼장 한 구석이나 철망에 기대어 있다.

3) 사료에 의한 진단

(1) 건 강

- 사료를 줄 때 참지 못하고 토끼장 안에서 날뛰는 것
- 사료를 주기가 바쁘게 먹기 시작하는 것

(2) 시 초

- 요리조리 뒤지면서 맛있는 것부터 먹기 시작하는 것
- 맛있는 것만 골라 먹는 것

(3) 중 태

- 맛있는 것만 가리되 조금만 먹는 것

(4) 병토, 가망 없음

- 사료를 줄 때 이것저것 냄새만 맡는 것
- 아무리 좋은 사료를 줘도 전혀 먹지 않는 것
- 아주 거들떠보지도 않는 것

3. 질병예방을 위한 주의사항

모든 가축이 그렇듯이 토끼도 마찬가지로 치료보다는 예방 쪽에 모든 관리를 치중해야 한다. 질병예방을 위해 평소 유의해야 할 사항으로는 다음과 같다.

① 가능한 한 영양분이 많고 줄기가 적은 풀을 주도록 한다.

② 콩과식물이나 화본과식물의 어느 한 가지만을 주는 단일급식 방법을 되도록 피한다.

③ 여러 가지 사료를 섞어 먹인다.

④ 수분이 많은 청초나 콩과식물은 하루쯤 말려서 급여한다.

⑤ 양토장이나 케이지 내부를 항상 건조하게 하며 깨끗한 상태를 유지해 주어야 한다.

⑥ 병토는 발견 즉시 격리하여 치료하며 호전이 되지 않는 것은 신속히 도태한다.

⑦ 병토가 있던 토끼장이나 토방은 철저히 소독한 뒤에 사용하도록 한다.

⑧ 정기적으로 토끼장이나 토방을 청소하고 소독약을 살포하도록 한다.

※ 소독방법 : 크레졸 비누액 2~3%액, 저맥스 : 물 10ℓ 당 10~20㏄희석, 오오사이드(토끼가 없는 상태에서 소독가능)

⑨ 정기적인 약제투여로 항병력을 강화시켜 주도록 한다. 또한 영양보강에 유의해야 한다.

4. 약제투여 방법

토끼가 싫어하지 않는 약제는 사료에 섞어 주거나 물에 타서 준다. 스스로 먹지 않는 경우는 물에 타서 주전자 끝에 비닐로 만든 빨대를 끼워 토끼의 앞니와 어금니사이의 이빨이 없는 사이에 끼워 넣고 약을 부어 넣는다. 그 외에 주사침을 제거한 주사기를 이용하거나 튜브를 이용하여 입을 벌리게 한 후 투여한다. 파자마 기름 같은 것은 당근처럼 토끼가 즐겨먹는 것에 발라 먹인다. 주사약을 주사하는 방법에는 근육주사, 피하주사, 정맥주사 등이 있는데 정확한 주사부위는 근육주사 시는 대퇴부, 피하주사 시는 겸부(옆구리), 정맥주사 시는 귀정맥에 주사를 한다.

외부 기생충 구제 목적으로 약제를 토끼 몸체에 발라줄 경우는 토끼가 핥아먹지 못하도록 한다. 토끼는 타 가축에 비해 약제에 민감하므로 반드시 용법, 용량을 준수하도록 하며, 질병의 치료목적으로 약제를 장기간 투여할 경우는 전문가 또는 수의사와 상담하여 선택, 사용하도록 하는 것이 좋다.

5. 기구 소독

① 전염병에 걸린 토끼가 있을 때는 사체는 물론 토상에 깔아준 짚과 먹다 남은 사료 등을 즉시 소각한다.
② 토상, 사료통, 물통 등 기구는 크레졸 비누액 3% 또는 가성소다액 2%로 소독한다(끓는 물이 더욱 효과가 있다).
③ 토상 바닥과 분뇨는 생석회로 소독한다.
④ 토상 벽은 석회유로 소독

제 2 절 질병의 진단

1. 임상진단에 따른 감별진단법

1) 피부증상

① 원형탈모증 : 탈모(脫毛)또는 털이 조밀하지 않는 것은 외부 기생충(이, 개선충 등)감염, 영양결핍(특히 섬유질 부족), 악습이나 케이지 철망에 털이 걸려 빠지는 경우와 케이지와 사료 통에 마찰횟수가 많을 경우, 세균이나 피부사상균에 의한 피부병에 걸렸을 때 털이 빠지게 된다. 계절적으로 털갈이를 할 때도 골고루 털이 빠지지 않고 드문드문 빠지는 경우가 있다.
② 피하부종 : 피하에 하나 혹은 여러 덩어리 모양의 부종은 파스투렐라 또는 포도상구균 감염에 의한 농양이라고 볼 수 있다. 또한 종양(섬유종, 점액종, 임파종, 유두종), 혈종, 유선질환도 부종의 원인이 된다.
③ 피부염 : 피부염증은 조직의 발적가피형성, 지루의 외부증상이 나타나고 2차 세균감염으로 궤양으로 진전된다. 귀 진드기는 귓속의 발적을 나타내고 모피진드기는 안면과 등에 반들반들한 피부염과 탈모를 나타낸다. 창상성 피부질환은 파리, 모기 또는 다른 토끼에 물리거나 결막염의 안면부 확장으

로 인하여 나타나기도 한다.

궤양성 피부염은 비절 궤양으로 발바닥 척골에 한쪽 또는 양쪽으로 나타나거나 드물게는 장골 표면에 나타난다. 병소는 국소적이고 보통 출혈성 피하 궤양을 나타낸다 비절 궤양의 발생요인은 발바닥 털의 감소(유전적 요인, 습성 환경 등)와 과비로 인한 체중 지탱 곤란, 타박상, 토끼장에 부딪히거나 좁은 토끼장에서의 운동부족 고르지 못한 토끼장 바닥으로 인한 찰과상 등이 있다. 또한 토끼의 나이와 체중에 비례한다. 비절 궤양의 예방은 토끼장의 청결과 부드럽고 깨끗한 깔짚을 깔아주는 것이다. 그 외에 세균성 피부질환은 슈도모나스, 파스튜렐라, 포도상 구균 및 연쇄상 구균에 의해 생식기와 피부에 병변이 발생되기가 쉽다.

2) 위장관 증상

① 하리 : 토끼 하리의 원인과 발생은 확정짓기가 어렵고 대부분 여러 가지 미생물의 복합감염과 세균이 생산한 독소로 발생된다. 하리를 유발시키는 원인은 대장균증, 장독혈증, 티저스병(Tyzzer's), 장콕시듐증, 사료내 섬유질 부족, 항생제의 과량복용으로 인한 장내 정상미생물총의 감소, 점액성 장염으로 인한 설사가 일반적이다.

② 유연증 : 턱과 목줄기로 침을 흘리는 것은 앞니가 부정교합 되었을 경우이거나 케이지 혹은 먹이통에 입이 찰과상을 입은 경우, 고온 스트레스 그리고 복통 등에 의한 경우 침을 흘리게 된다.

③ 복부가 아래로 늘어지는 경우 : 장중첩, 장교착, 간콕시듐, 유방염, 임신 과비 등이 복부팽창의 원인이다.

④ 다음 다갈증(심한 갈증을 느끼며, 물을 많이 먹는 경우) : 비유(泌乳), 고온 스트레스, 열성질환, 건조한 사료, 염분의 다량섭취, 당뇨병, 장염은 다음 다갈증의 원인이 된다. 이런 경우 적당량의 물을 별도로 공급해주는 것이 좋다.

⑤ 변비 : 위장 내의 모구(毛球, hair ball : 털 등 이 물질을 핥아 먹을 경우 위내에서 털이 둥글게 뭉쳐진 상태)형성, 위 유문부의 협착, 점액성 장염, 수분결핍, 식욕감퇴 등은 변비를 일으키는 요인이 된다.

⑥ 식욕감퇴 : 치아의 부정교합, 사료변경, 통증, 전신질환, 환경스트레스, 불

충분한 물 공급, 입에 맞지 않는 사료, 후각감퇴 그리고 비만한 토끼의 산성증과 케톤증은 식욕감퇴를 일으킨다.

3) 호흡기 증상

① 비루(콧물) : 파스투렐라(스나플스), 포도상구균에 기인한 점액성 농양으로 상부기도의 병변을 일으키고 고온스트레스, 건초, 먼지 낀 사료에 기인한 알레르기, 토두(兎豆)는 비루를 야기한다.
② 호흡곤란 : 호흡곤란은 파스튜렐라, 포도상균, 타 세균에 기인한 폐렴일 경우가 많다.
③ 안루(눈물) : 파스튜렐라에 기인한 결막염이 일반적이고 타 세균, 먼지, 종양 등도 안루가 나타난다. 결막염이 확장되며 만약 슈도모나스가 복합 감염되면 병소 가까운 곳의 털은 청녹색으로 물든다.

4) 생식기 증상

① 불임 : 토끼의 불임은 진단이 어렵다. 불임의 요인은 성성숙 부족, 노쇠, 고온스트레스, 군사(群飼), 과도한 교미, 부적절한 교미, 가을철의 활력소실, 자궁감염, 정소염, 매독, 중독, 영양결핍, 소음, 가임신 등에 기인한다.
② 출생전 사망 : 태아흡수, 유산, 사산은 전 임신기간을 통해 일어나지만 원인은 유사하다. 태아는 임신 13~23일 사이에 손실되기 쉽다. 태아손실의 가능성은 적은 한 배새끼, 임신중독, 영양부족, 선천성기형, 고온, 파스튜렐라 감염, 살모넬라증, 곰팡이 중독(아스퍼질러스), 전신질환, 자궁내 태아의 밀집착상, 질산염중독 등이 있다. 질산염은 알팔파, 클로버, 오챠드그라스, 티모시 건초, 청초, 가뭄, 고온, 화학물질 측적 등 여러 가지 요인에 의해 토끼 체 내에 축적되어 중독을 일으킨다. 음수 50ppm 정도 함유될 경우는 유산을 일으키게 된다.
③ 어린 토끼의 도태와 폐사 : 어미토끼의 경험 부족, 토끼장 환경과 시설부족, 주변의 소음, 상처받은 자토, 흡입성 폐렴, 무유증은 태아의 도태와 폐사를 일으킨다. 어린 토끼의 폐사는 장독혈증(독성乳 증후군), 어미토끼에 짓밟히거나 쥐에 몰리거나 파스튜렐라에 기인한 패혈증, 기아, 탈수, 유문부 협

착 등에 의한다. 기타 포도상구균에 감염되어 유방염이 걸린 어미토끼의 젖을 먹은 후 폐사할 수 있다.

5) 신경근육계 증상

① 사경(斜頸, Wrynect : 비뚤어진 목) : 사경은 대부분 중이와 유스타키오(eustachia) 관을 통하여 형성된 내이염에 기인한다. 스나플스(전염성 비염)의 말기증상으로도 많이 나타난다. 기타 진드기 감염에 의한 경우도 드물게 나타난다.

② 운동실조와 경련 : 척추와 사지손상, 회충, 내이염, 세균성뇌염, 임신중독, 장독혈증, 열사병, 선천성기형, 마그네슘 결핍 등에 기인한다.

6) 기타 증상

① 체중감소 : 체중감소는 여러 가지요인에 의해 식욕이 감퇴될 경우에 주로 나타나지만 그 외에도 앞니의 부정교합, 장내, 모구형성, 영양결핍, 수분부족, 입자가 고운 사료, 세균성 질병, 유문부 협착, 통증, 요충증, 만성신장염, 외부기생충 감염, 혹한, 혹서 등은 모두 체중감소를 유발시킨다.

② 폐사 : 성토의 폐사는 선행증상이 별로 나타나지 않는다. 급성세균성 질병, 급성유방염에 의한 폐혈증, 대장균증, 점액성 장염, 장독혈증, 드물게 살모넬라증, 토두(兎豆), 톡소플라스마, 요도결석 등이 있다. 어미토끼의 폐사는 어린 토끼가 몇 주 성장시에 가끔 발생하는데 원인은 클로스트리듐에 기인한 장독혈증일 경우가 많다.

③ 빈혈 : 토끼에는 드물다.

④ 황지(黃脂, Yellow Fat) : 토끼의 황지침착은 엽황소 대사의 기능저하로 일어난다. 엽황소 축적이 토끼에 유해한지의 여부는 아직 밝혀지지 않고 있다.

⑤ 혈뇨(피오줌) : 피오줌이 나타날 경우는 방광염, 요도결석, 선회병을 의심해야한다. 대부분 피오줌 porphyrin 착색이나 종양과 유산으로 인한 혈액성 질루로 판명된다.

⑥ 간병변 : 간의 회황색 병소는 간콕시듐증이나 전이된 조충유충, Tyzzer's병 대장균증을 의심할 수 있다. 드물게는 야토병, 살모넬라증, 특소플라스마

증, 토두, 결핵 등에 의해 간에 병변이 나타난다.

제 3 절 질병의 종류

1. 바이러스성 질병

1) 전염 점액종증(Infectious mycomatosis)

점액종증은 집토끼(앙고라, 자이안트 등)에 치명적인 질병으로 폐사율이 25~90%이다.

병원체 : Myxoma(poxvirus)

매개체 : 모기, 쇠파리

증 상 :

- 감염된 눈에서 우유빛의 삼출물이 나옴
- 체온이 42℃로 급상승
- 급성인 경우 48시간 내에 사망하거나 생존한 것은 거친 피모, 눈꺼풀, 코, 입술, 귀주위의 염증과 수농, 항문의 발열과 수종 그리고 수컷 음낭의 부종으로 1~2주간 생존하다가 사망

치료 : 생독 백신을 만들어 예방을 할 수 있으나 국내에서는 백신이 없다. 따라서 효과적인 치료가 없으므로 감염된 토끼는 발견 즉시 소각 처리한다.

2) 유두증 바이러스(Papillomatosis)

병원체 : Papovavirus, Shope papilloma virus

집토끼에서 나타나는 유두 종에는 두 가지 형태가 있다.

- 입주위와 혀 표면에 작은 회색을 띤 백색의 결절이 일어나고 나중에는 궤양이 된다.
- 목, 견부, 귀 혹은 복부 등에 각질우체가 발생하여 점차 전형적인 유두증이 되고 뒤에는 각화된 각질우체로 남는다.

3) 토끼 수두(Rabbit pox)

병원체 : Vaccinia virus, Virulent strain of vaccinia

비강이 원발적 감염 장소이고 비점막에서 증식이 일어나며 후에 호흡기도의 임파절, 폐, 비장 등에까지 전파가 된다. 대개 감염 후 3일째 열이 나고 5일째에는 홍반성 피진이 나타나며 뒤에 직경 1cm 정도의 구진이 되어 가피를 형성한다. 그리고 임상증세는 음낭의 수종, 정소염, 방광 내 뇨정체, 화농성 결막염, 안검염, 급성각막염, 각막괴양, 임신토끼의 유산 등을 나타내고 부검소견으로는 간장의 종대, 비장의 종창과 괴사, 폐의 백색 결절과 화농성 괴사, 정소, 자궁, 난소 등의 수종과 괴사소견이 관찰된다.

4) 토끼 바이러스성 출혈열(Viral Haemorrhagic Fever of Rabbit)

토끼 바이러스성 출혈열(토끼 출혈병)은 전염력이 강하며, 폐사율이 매우 높은 새로운 바이러스성 전염병으로, 일단 이 질병이 양토장에 침입하면 70~90%의 토끼가 죽게 되는 무서운 전염병이다.

이 질병은 1984년 봄 중국 남부지방에서 세계 최초로 발생한 후 서서히 북상하여 1985년 봄에는 북경지방까지 대유행하여 수십만 수의 앙고라 토끼가 폐사하였다. 국내에서도 1985년 가을 강원도 및 경기도에서 처음 본 병이 발생하기 시작하여 1986년에는 전국적으로 확산, 대유행 하였으며, 1987년 5월까지 울릉도와 제주도를 제외한 전국에서 발생하여 20만수 이상의 앙고라 토끼가 폐사하였다.

그 후 1989년 3월 제주도에서도 유사한 질병으로 600여두의 토끼가 폐사하였다는 보고가 있다. 그 이후 1997년 현재까지 국내에서는 이 병의 발생이 보고되지 않고 있다. 또한 이 질병은 유럽, 남미, 호주 등에서도 대유행하여 양토업계에 막대한 경제적 손실을 끼치고 있다.

(1) 증 상

토끼 바이러스성 출혈열에 감염된 토끼의 증상은 질병의 경과기간에 따라 심급성형, 급성형 및 만성형 등으로 나눌 수 있다. 심급성형은 식욕이 정상이며 건강한 토끼가 특별한 증상없이 갑자기 떼죽음을 하게 되는 경우이며, 급성형은 식욕이 떨어지고 원기가 불량하다가 체온이 상승한 후 12~24시간 경과하여 죽게 된다. 죽은 토끼는 코나 입 주위에 거품섞인 혈액이 묻어있거나 발작, 괴성을 지르며, 고개를 뒤로 젖히고 죽는 때도 있다. 만성형은 감염토끼가 1~2주정도

증상이 계속된 후 죽거나 회복한다. 그러나 이 질병이 양토장에서 2~3주간 발생이 계속되면 약 80%정도의 폐사율을 보이면서 종식된다. 회복된 토끼는 탈모현상을 나타내며 임신한 토끼는 유산하는 경우도 있다. 이 질병에 회복된 토끼는 다른 토끼에 이 질병을 전파시키는 전염원으로 작용할 수 있다.

(2) 전 파

전파경로는 여러 가지로 추정하고 있지만 가장 중요한 전염원은 감염된 토끼이다. 감염된 토끼를 새로 구입할 때 양토장으로 본 질병이 전파 될 수 있다. 그리고 감염된 양토장에서 출하되는 토끼털이나 양토장을 출입하는 차량, 털깎는 사람 등에 의해서 전파될 수 있으며, 짧은 거리에서는 공기를 통해서 다른 양토장에 전염할 수도 있다. 한편 멕시코의 경우 중국으로부터 토끼고기를 수입한 후 이 질병이 발생하였다는 보고가 있다.

발병 연령은 3~12개월령의 육성토에서 주로 발생하고(90%), 1년 이상의 성토에서는 발생이 적으며(8%), 2개월령 이하의 토끼에서는 거의 발생하지 않는다.

계절별 발생상황은 늦은 가을에서 봄까지 주로 발생하며 더운 여름철에는 거의 발생하지 않는다.

(3) 진 단

이 질병은 증상으로써 어느 정도까지 진단이 가능하다. 즉 앞에서 언급한 여러 가지 증상과 높은 폐사율로서 어느 정도 진단이 가능하다. 또한 이 질병의 원인 바이러스는 사람의 O형 적혈구를 응집하는 능력이 있으므로 감염 폐사한 토끼의 간을 생리식염수로 유제하여 사람 O형 적혈구를 이용한 혈구응집시험을 하면 진단할 수 있다.

(4) 예방 및 치료

토끼 바이러스성 출혈열은 바이러스에 의한 전염병이기 때문에 치료약은 없다. 따라서 방역이 가장 중요하다. 이 질병의 병원체가 양토장 내로 들어오지 못하게 하기 위해서는 양토장에 외부인이나 차량이 출입하는 것을 철저히 통제해야 한다. 그리고 양토장 입구에는 사람이나 차량을 소독할 수 있는 소독조를 설치해야 하며, 본 병으로 죽은 토끼는 땅에 묻거나 소각해야 하고 시설물 소독도 철저히 해야 한다. 청소나 환기, 채광 등도 유의해야 한다. 외부에서 토끼를 구입할 때는 30일 이상 격리시켰다가 이상이 없을 때 반입한다.

예방접종을 실시하면 이 질병을 확실하게 예방할 수 있다. 1988년 수의과학연구소에서는 감염토끼의 간 유제액을 바이너리 에칠렌이민(Binary Ethylenimine, BEI)으로 불활화하여 알루미늄 하이드록사이드 젤($Al(OH)_3$ Gel)을 첨가한 예방약을 개발하여 민간 예방약 생산업체에 기술 전수한 바 있으며, 현재 국내에는 예방약이 생산 시판되고 있다. 주위에 이러한 질병이 유행할 때에는 철저하게 예방접종을 실시하여야 한다.

예방접종은 2~3개월령의 토끼에 1㎖씩 뒷다리 근육에 접종하고 매년 9월에 보강 접종하는 것이 좋다. 접종 후 1~2주가 경과하면 완전한 면역을 할 수 있다.

2. 박테리아와 원충성 질병

1) 파스튜렐라 감염증

실제로 모든 토끼들은 *Pasteurella multocida*에 감염된다. 많은 토끼들이 콧물의 징후가 보이지 않더라도 코에서 이 병원체가 전달된다. "Pasteurellosis" 용어는 *P. multocida*균에 의해 생기는 모든 임상증상을 포함한다.

현재까지 가장 보편적인 파스튜렐라균의 출현은 스나플스(Snuffles)이다. 그렇지만 Pasteurellosis는 폐렴, 농양, 안검, 정소염, 자궁염 그리고 비틀어진 목에도 나타난다.

(1) 스나플스(Snuffles)

토끼에서 감기와 같은 것은 아니다. 많은 사람들이 감기 시에 나오는 점액성 콧물은 또 다른 박테리아인 *Bordetella bronchisepticum*과 결합한 *P. multocida*에 의해 대부분 원인이 된다.

1차 징후인 재채기와 콧물은 코에 물이나 먼지가 들어가서 나오는 것과는 다르다. 항상 재채기가 계속되거나 특히 앞발 내부의 털이 굳어진 느낌이 든다면 토끼 무리에 스나플스가 있다는 것을 알 수 있다. 스나플스는 전염성이 강하다. 매 재채기 때마다 그 주위가 수천 마리의 박테리아로 오염된다. 그리고 사육자에 의해서도 전파된다.

스나플스의 치료에 다양한 항생제가 사용되며 토끼 개체를 치료하는 데는 400,000단위 페니실린과 0.5g 스트렙토마이신 합제를 사용하면 재채기와 콧물은 멈추어진다. 그러나 토끼가 스트레스를 받게 되면 재발이 일어나며 이 때는 치료하기가 힘들다. 현재까지 스나플스를 없애는 가장 중요한 것은 예방이다. 즉 철저한 소독, 양호한 환기, 엄격한 도태가 이 병의 근절에 최상의 대책이다. 환경적으로 통제되는 축사는 시간당 10~20회의 환기를 해주어야 한다.

(2) 폐 렴(Pneumonia)

병원균 : *Pasteurella* sp. 외 Klebsiella pneumoniae, Bordetella bronchiseptica, Pneumococci

원인 : 환기 및 소독 불량, 청결치 못한 깔짚

만약 스나플스가 치료되지 않고 심해지면 토끼는 폐렴으로 사망한다. 폐렴은 폐조직의 감염이고 혈액 내 산소의 흡입이 감소한다.

① 외관상 증상 :

- 체중이 줄어들고 피모가 거칠어진다.
- 체온이 40℃까지 상승
- 머리가 뒤로 젖혀진다.
- 입으로 호흡
- 백색인 토끼의 눈이 푸르게 변함
- 입술이 푸른 빛을 띰

② 임상학적 증상

- 폐의 색이 자색을 띤다.
- 체강 내에 체액으로 차있다.

치료 : Oxytetracycline, Chlortetracycline, Penicillin, Penicillin과 Strepetomycin 복합제제

(3) 농 양(Abscesses)

병원균 : *P. multocida*

원인 : 환기가 불량하고 비위생적인 축사에서 다발

농양은 피하부분에서 나타나며 Pasteurella 균이 피부의 상처부위로 침입했을 때 발생한다.

치료 : 농양 부위를 절개하여 농을 짜낸 뒤 Penicillin-Streptococci 연고를 발라준다.

(4) 자궁내막염과 정소염

① 자궁내막염

병원균 : *P. multocida*

원인 : 분만시 오염된 자리깃과 정소염을 가진 수토끼와의 교배에 의해 감염

증상 :

- 암토끼의 질로부터 누른빛을 띤 흰색의 삼출물이 나옴
- 직장온도 42℃
- 자궁이 점액으로 차 있어 확장되어 있다.

② 정소염

병원균 : *P. multocida*

원인 : 병원균이 뇨관과 혈액을 통해 침입하여 발생

증상 : 정소의 하나 또는 두 개가 부어있고, 발열하며 딱딱하다.

이병에 걸린 수토끼는 교배 시마다 정액을 통해 이 균이 암토끼의 질 내에 들어가 자궁내막염을 일으키므로 이런 수토끼는 반드시 도태하여야 한다.

(5) 비틀어진 목(Wry Neck)

병원균 : *P. multocida*

증상 : 귀 내에 이 균의 감염에 의해 두부가 계속적으로 꼬여있어 토끼가 균형을 취하는 데 어려움이 있다. 마치 귀에 물이 들어갔을 때 받을 수 있는 느낌과 유사다. 치료는 효과가 없다. 따라서 이러한 토끼는 도태하며, 토육을 식용으로 사용하는 데는 아무런 문제가 없다.

(6) 안루증(Weepy Eyes)

병원균 : *P. multocida*, *Staphylococcus aureus*를 포함한 여러 종류의 박테리아

증상 : 눈에서 계속적인 눈물이 흘러 눈 주위가 오염되는 질환으로, 이런 현상은 분만상 내에 있는 포유자토에서 자주 볼 수 있으며 가끔은 나이든 어미에서도 볼 수 있다.

치료 : Chloromycetin이 포함된 안연고로 치료함

3. 장 관련 질병

육성토의 주 폐사 원인은 복합적인 질병인 장염이다.

주요 질병으로는 장독혈증(Enterotoxemia), 티저스 질병(Tyzzer's Disease), 콕시듐(Coccidiosis), 점액성 장질환 (Mucoid Enterpathy)이다.

1) 장 독혈증

병원균 : *Clostridium perfringens* Type E, Escherichi coli

초기 증상 : 설사, 탈수, 사료섭취량 감소, 거치른 피모

주로 4~8주령의 육성토에서 나타나며 12~24시간 이내에 사망

해부학적 증상 :

- 맹장이 확장되어 있고 가끔은 소장도 확장되어 있다.
- 결장은 텅 비어 있다.
- 맹장이 충혈되어 있다.

예방 및 치료 : 사료 중의 영양소 함량이 조섬유는 낮고 에너지가가 높을 때가 조섬유가 높은 사료보다 많이 나타나므로 양질의 건초(화본과)와 볏짚을 급여하며, 음수에 Oxytetracycline을 타서 준다.

2) 티저스 병(Tyzzer's disease)

일본 Waltzing mice에서 이 질병을 발견한 Tyzzer의 이름을 따서 명명(1917년)

쥐와 유사한 설사병이 토끼에서 발견되었다. 육성토에서 설사와 함께 12~48시간에 사망.

Enterotoxemia와 거의 같은 해부학적 증상이나 단, 간에 소금알 정도의 크기인 흰 점이 있다. 이 흰 점은 *Bacillus pipliformis* 박테리아의 길고 가느다란 막대기라

고 밝혀졌다.

치료법은 없으며 발생하면 소각처리

3) 콕시듐(Coccidiosis)

콕시듐은 토끼에서 가장 보편적인 질병 중 하나이다. 두 가지 형태가 있는데 그 하나는 Eimeria stiedae원충에 의한 간 콕시듐과 다른 하나는 E. magna, E. irresidua, E. media 혹은 E. perforans에 의한 장 콕시듐이다. 이 두 콕시듐은 항상 오염된 사료 또는 물에서 포자화된 난세포를 먹음으로써 감염된다. 비록 토끼들이 분식성은 하지만 항문을 통해 직접 먹는 연변에 의해서는 감염되지 않는다.

(1) 외관적 증상

식욕부진, 거친 피모, 성장지연

해부학적 소견 : 간 콕시듐인 경우, 간의 실질조직에 작고 노란색을 띤 흰색의 혹 또는 종양이 있다. 장 콕시듐인 경우, 주로 소장에 나타나며 초기에는 거의 변화가 없으나 나중에 소장이 두꺼워지고 색이 창백해진다.

(2) 예방 및 치료

토상 바닥의 토분을 정기적인 제거와 소독

Sulfaquinoxaline을 음수에 0.04%로 14~30일간 급여하거나 사료에 0.025%를 20일간 급여한다. 도축 10일전에는 투여 안 함.

4) 점액성 장질환(Mucoid enteropathy)

점액성 장염(ME)에는 많은 동의어가 있으며, 그 중에 고창, 장염, 장염증후군, 점액성 하리, 전염성 하리 및 저 아밀라제 혈증 등이 있다. 과거에 있어서 많은 장질환이 점액성 장염(mucoid enteritis)이라고 이름이 부쳐진 부정확한 증후군으로 임상적으로 정리되었지만, 앞으로 이 질병은 높은 사망률을 동반하는 아급성 장질환으로 정의한다.

(1) 병 인

ME의 병인은 명확하지 않지만 , 이 질병의 큰 병리학적 특징에서 ME를 내독소에 의해 유발되어진 분비성 하리로 분류할 수 있다. 많은 학설이 ME의 병인으로 제안되고 있지만 지지하는 자료와 확실한 실험결과가 없는 것이 종종 많다.

병인으로 제안되는 것으로 저아밀라제증, 대장균 등이 원인된다고 알려져 있다.

(2) 발 생

미국 Fontana 연구소의 보고서에 의하면 이유전 총 사망률은 18%로 그 사망의 최대 원인은 ME라고 발표하였다. 어린 집토끼의 ME에 의한 사망률은 60~70%라고 보고하고 있다.

ME가 전혀 발생하지 않는 토끼장은 하나도 없다. 몇 명의 연구자는 그 발생에 명백한 계절적 변동이 있다는 것을 제시하지만, 그 발생 형식에 관해서는 일반적 의견은 일치하지 않고 현시점에서는 미지의 요인들이 발생률에 있어서 이해할 수 없는 증가를 일으킨다는 결론을 하는 것이 가장 안전한 생각이다. 암 수 모두 동일한 감수성이 있다. 발생한 연령의 분포는 정규분포를 나타내며, 발생예의 대부분은 7~10주령의 집토끼에 나타나지만 우발적인 예로는 2주령이라고 하는 조기에도 또한 20주령이라는 늦은 시기에도 발생한다고 일반적으로 알려져 있다. 2산보다는 초산의 새끼에 발생률이 높다.

(3) 임상소견

ME의 임상적 특징에 관해서 일반적으로 경과가 2~3일의 급성 질병으로 보이지만 주의 깊게 관찰해보면 좀 더 정확하게 7~8일(아급성)의 경과를 거친다.

임상적 특징은 식욕부진, 다갈증 및 저체온(정상 38.9~40℃에 대해 ME는 37.2~38.9℃)이다. 하리에 의한 체중감소가 급격하여 야위어 보이나 복부는 가스와 액이 가득찬 장 때문에 불러있다. 소화관의 확장 부분은 위, 십이지장, 공장, 회장, 맹장 및 결장이다. 회음부는 점액 또는 담황색 내지 갈색인 수양성 변으로 더렵혀져 있는 것이 보통이다.

임상검사 소견으로는 주로 탈수가 원인이다. 즉 헤마토크리트치, 적혈구수, 헤모글로빈 농도가 증가한다.

(4) 진 단

ME의 임상진단은 탈수증상, 젤라틴 모양의 하리, 복부팽창, 진탕음 청취 및 이들에 동반한 임상검사 소견 등의 특징적인 징후를 기초로 해서 결정한다. 진단은 가스와 액상물질로 가득 찬 위와 소장, 결장에 있어서 젤라틴 모양 물질의 체류 등 전형적인 해부 검사 소견으로 더욱 확실하게 진단한다.

(5) 치료 및 예방

ME에 대한 권장할 수 있는 치료법은 현재 특효적이라기 보다는 전반적으로 증상을 완화하고 이차적인 세균성 합병증을 줄이는 방향으로 잡아야 한다. 사료와 물을 줄이는 조치, 차 또는 탄닌 급여, 석고판지 급여, 사료 변경, 아밀라제 급여 등의 조치는 확실한 근거가 없기 때문에 권장할 수 없고 특히 물을 줄이는 경우는 유해하다.

사료 톤당 10g의 오레오마이신과 9mg의 VB_{12}를 함유한 사료는 함유하지 않은 사료보다 사망률을 25~75% 감소시키는 효과가 있다.

가장 확실한 효과를 기대할 수 있는 방법은 항생물질 함유사료를 생후 2주령부터 8주령까지 6주 급여하는 것이 중요하다.

4. 진균증 질병

1) 피부사상균증(백선, 황선)

피부사상균은 집토끼에서 그리 흔한 질병은 아니다. 피부사상균이 번식하기 좋은 조건을 가지고 있는 곳에서 발병하며, 특히 좁은 토끼 우리에서 사육되는 애완토끼나 뒤뜰에서 기르는 토끼에서 많이 발생하며, 위생적으로 사육되는 전업적 영리 사육장에서는 발생되기 힘든다.

이 질병은 전염병으로 보고되어 있다. 산발적인 개체 전염병으로 주로 나타난다. 많은 보고에 의하면 어린 집토끼 쪽이 성숙한 토끼보다 감수성이 높다.

백선은 병원성 사상균이 표피. 모낭, 모간 같은 부속조직에 감염되어 일어난다. Trichophyton Mentogrophytes는 Orytolagus속 토끼의 백선으로 가장 많이 나타나는 피부사상균이다. 기타 보고된 4개의 사상균, 즉 Microsporum gypseum, Mcanis, M. andouini 및 T. schoenleini에 의한 감염은 적다.

피부사상균의 감염은 보통 집토끼의 두부 내지 그 주변에 나타난다. 병변은 소양성(가려움)으로 2차적인 현상은 사지나 몸체의 다른 부분으로 확대해 간다. 병변은 일반적으로 그러나 반드시 그렇다는 것은 아니지만 원형으로 염증성 반응이 확실하지 않는 특징이 있다. 병변부의 표면은 딱지 형태를 보이고 불규칙한 반점모양의 탈모증을 동반한다. 조직절편에서는 각화증, 극세포증 및 다형핵백혈구에 의한 진피의 광범위한 침윤이 나타난다. 2차적으로 침입한 세균에 의해 모낭에 염증이 생겨 고름이 생긴다.

피부진균증는 인수공통병으로 위험성이 있다. 확실한 증례로서는 사람만 아니고 집토끼 및 동물종에도 감염할 가능성이 있다. 이 질병으로 확인될 경우는 다른 동물로부터 신속하게 격리해야 한다. 치료를 안할 경우에는 안락사를 시키고 케이지 주변을 철저히 소독한다.

치료약으로 경구투여에는 griseofulvin이 효과가 있다. 집토끼 1두당 존데 니들로 griseofulvin을 현탁액으로 해서 체중 kg당 25mg의 비율로 매일 최소한 14일간 계속 투여해야 한다. 사료에 섞어서 투여할 경우는 사료 kg당 0.833g의 분말형태의 griseofulvin을 첨가하고 14일간 계속해서 먹인다.

국내에서 2007년도 전국적으로 피부진균증이 발병하였으며, 한국양토양록조합이 건국대학교 수의과대학 김휘율 교수팀에 연구의뢰하여 확인하였다. 연구결과 검출된 피부사상균은 트리코파이톤 멘타그로파이트(Trichophyton Mentogrophyte)가 95%였으며, 비사상균성 진균인 아스퍼길러스(*Aspergillus*) 5.0%, 크립토코커스(*Cryptococcus humilocus*) 2.5% 였다. 2차 감염으로 세균성 피부병의 원인체로 코아귤라제 음성 포도상구균(*Staphylococcus coagulase negative*) 군의 발병률이 높았고, 황색 포도상 구균(*Staphylococcus aureus*)가 두번째로 검출률이 높았다.

연구팀에 의해 제안된 주요 사항은

첫째, 토끼피부병의 확산은 농장주의 건강에도 영향을 미칠수 있다. 극심한 소양감과 부분적 탈모, 비듬 뿐만 아니라 치료를 하지않고 방치했을 경우, 세균의 침입으로 인해 피부병반부에 홍반, 구진, 농포같은 것들이 생길 수 있다.

둘째, 역학적으로는 피부사상균을 앓는 토끼와의 접촉에 의해 발병되는 것이 원칙이나 농장주의 업무특성에 때문에 사람의 피부가 사육장 안에서 장시간 광범위하게 노출될 경우 공기중의 먼지나 토끼털에 의해서 발병될 가능성을 무시할 수 없다.

셋째, 피부사상균은 그 입자가 상당히 작은 크기이며, 눈에 보이지 않으므로 세

심한 주의를 요한다. 따라서 토끼 사육장에서 입는 작업복과 평상복을 반드시 구분하여 입고 두건/모자, 마스크 착용 등을 의무화 할 필요가 있다. 또한, 면역기능이 약한 노약자들은 출입을 삼가한다.

넷째, 토끼 피부사상균의 주된 증상은 탈모, 비듬, 딱지(황색)이므로 유사한 증상을 보이는 토끼는 병변부의 상태에 따라 격리 및 도태조치를 취해야 그 이상의 손실을 막을 수 있다.

다섯째, 피부사상균 감염 후 세균성 피부염을 유발하는 병원성 미생물이 탈모된 병변부에 침입하여 상태를 악화시킬 수 있다. 이러한 경우 피부사상균 뿐만 아니라 세균에 대한 처치도 병용되어야 한다.

여섯째, 사육동과 멀리 떨어진 곳에 격리사육시설을 확보하여 병변부가 광범위하지 않고 발병한지 얼마 안되는 토끼는 격리사육하면서 치료를 하고 피부병이 심한 토끼는 과감하게 도태시킨다.

표 11-1. 토끼 피부병 치료제 일람표

치료효과	약품명	규 격 (용량/개수)	사용량	처치가능 토끼 수(약 50일령 토끼)/1정	투약기간
피부 사상균 처치 (곰팡이)	훌비신 Grisedfuvin	123mg/100	25~50mg/kg	2~5마리	1일 1회, 2달
		500mg/100	10~40mg/kg	10~20마리	
	케토코나졸 Ketoconazole	200mg/200	10~40mg/kg	5~20마리	1일 1회, 2달
	클로르핵시딘 5%	5%원액/5ℓ	100배희석		1주일에 3회 분사, 2달
세균 처치 (항생제)	앰씰린 (Ampicillin)	250mg/500 500mg/500	30mg/kg	최대 8마리 최대 17마리	1일 2회, 1달
	유프린 TMS	500mg/500	30mg/kg	최대 17마리	1일 1회, 1달
	헤로세친 Chloramphenicol	250mg/1,000	30mg/kg	최대 8마리	1일 2회, 1달
기생충 처치	이브맥틴 Ivermectin	주사제	0.4mg/kg	최대 1000마리	1달 2회, 2주일 간격

제 12 장 도축 및 모피가공

제 1 절 도축과정

식용으로 사용할 토끼를 도살, 해체하고 이를 적절히 처리, 보관하는 데 필요한 시설을 갖추고 위생검사를 실시하는 장소를 도축장이라고 한다.

미국에서 도토장의 기준으로는 위생, 시설 그리고 실시방법에 관한 연방기준의 최저선으로 각각의 작업에 대해 독립한 작업실을 설계하도록 요구하고 있다. 즉 다음과 같이 ① 도축할 토끼의 계류장소, ② 도축 박피 작업실, ③ 내장 적출, 냉동 및 포장 작업실, ④ 비식용생산물을 취급하는 작업실, ⑤ 폐기물실, ⑥ 저장 출하작업실, ⑦ 기계실이다. 한편 국내 도축장이 갖추어야 할 규정상 시설에는 계류장, 생체검사실, 병축격리사, 작업실, 내장 및 도체 검사실, 소독실, 냉장냉동실, 오물오수처리실, 기타 시설로 탈의실, 휴게실, 샤워실을 갖추어야 한다.

1. 계 류

수송된 토끼는 양축가 별 번호를 배정받고 계류실로 입실한다. 계류실에는 체중을 달 수 있는 저울을 구비하고 도살장으로 들어가기 전에 체중을 측정한다.

계류실에서 도살장으로 들어가는 입구부터 도살대까지 일렬로 들어갈 수 있는 유도장치를 설치한다.

2. 생체검사

계류된 토끼를 수의 검사원이 외모와 눈, 코, 항문 등의 천연공 등을 확인하여 건강을 확인하고 정상적인 토끼만을 도축을 허용한다.

3. 기 절

토끼를 기절시키는 목적은 도축의 고통을 최소화하고 작업능률과 육질개선을 위해서 토끼의 심폐기능을 유지한 상태에서 방혈시킨다.

가축의 실신방법에는 타격법, 전격법, 충격법, 자격법, 가스마취법 및 교살 등의 방법이 있으나 토끼의 도살에는 전격법과 타격법이 주로 사용된다.

전격법은 토끼의 털이 없는 코 부분에 200V의 전류를 1～3초간 통전시키는 방법이다. 그리고 타격법은 토끼의 뒷다리를 잡고 머리를 아래로 한 후 귀 사이의 머리부분을 무거운 망치로 타격하여 기절시킨다.

4. 방 혈

실신한 토끼의 한쪽 뒷다리 경골과 아킬레스 건 사이에 샤클(shackle)을 걸어 천정의 레일에 메달아 고정시킨 다음 머리를 칼로 즉시 제거하여 완전하게 방혈시킨다. 방혈액은 혈액의 유효성분을 활용하기 위해 채혈시설을 갖추는 것이 좋다.

5. 박피와 탕박

박피의 순서는 앞 발 그리고 한쪽 뒷다리를 절단하고 샤클에 걸린 뒷다리 안쪽의 가죽에서부터 항문을 거쳐 잘린 다리까지 절개하고 꼬리를 자른 뒤, 털가죽을 위에서부터 아래로 벗겨나간다. 그리고 배를 가른 뒤 간, 콩팥 그리고 심장을 제외한 내장을 제거하고 마지막으로 걸린 뒷다리의 발목을 제거한다.

모피를 사용하지 않을 경우에는 탕박을 하며 그 방법은 방혈과 머리, 손발 그리고 내장을 제거한 후 열탕(70℃ 전후)속에 6～8분간 통과시킨 후 탈모기에 넣어 탈모한다.

6. 도체손질

작업이 끝난 도체는 체중을 입력한다. 그리고 상품의 종류에 따라 분할한다.

분할은 척추를 중심으로 하여 2분 도체하는 것과 앞다리, 좌우 가슴, 등, 뒷다리 7개 부위로 나누는 방식이 있다.

7. 지육의 냉각과 저장

냉각실은 상대습도 90% 정도로 하여 12시간 내에 도체의 품온을 10℃ 이하로 24시간 경에는 4℃ 내외로 낮추어야 한다.

8. 도체율과 정육률

도체중이란 머리, 내장, 발목을 제거한 고기, 간, 심장, 콩팥 그리고 뼈를 포함한 무게를 생체무게로 나눈 값을 말한다.

표 12-1. 일령별 품종별 도체율

나 이	New Zealand	Dutch
8주령	55.9%	60.3%
13주령	59.2	63.3
성 숙	58.2	62.8

(자료: Mississippi state Extension Service, Slaughtering and Dressing Rabbits, 2007)

정육률은 도체에서 뼈를 제거한 나머지 가식부위의 고기의 무게를 도체 또는 생체무게로 나눈 값을 말한다.

9. 토육의 등급과 품질

토육은 육성토(fryers) 그리고 성토(roasters)로 구별된다. 육성토육(fryers)은 그 도체중량이 0.68kg 이상, 드물게 1.6kg 초과하는 것도 있지만 보통 12주령 이하의 가공도체이다. 성토육(roasters)은 그 중량은 1.0kg 이상의 것으로 제각각이지만, 보통 8개월령 혹은 그 이상의 나이가 든 토끼를 가공한 것이다.

품질에 따라 3종류로 등급이 나누어진다. A급에 들어가는 것은 다음의 품질을 구비하고 있지 않으면 안 된다.

① 짧은 체구, 두터운 고기, 비만, 살코기 부착이 좋은 것

② 넓은 등, 넓은 허리, 넓게 살코기 부착이 좋은 어깨를 가진 것, 육질이 견고한 것

③ 적당한 내층지방과 도체의 내벽전체 그리고 신장 주위에 적당한 지방이 둘러싸고 있는 것

④ 그냥 보더라도 정맥내 미량의 응혈이 정도 이상으로 불완전한 방혈의 증거가 있지 않을 것, 결합조직내 출혈에 의해 고기가 적색화의 증거를 갖고 있지 않은 것

⑤ 그 외 기타 이물(털, 먼지, 뼈 조각)을 전혀 갖고 있지 않은 것

⑥ 골절, 고기의 생채기, 파괴나 변형이 없는 것

B급에 속하는 도체는 다음과 같다.

① 짧은 체구, 두터운 고기, 비만, 살코기 부착이 좋은 것

② 넓은 등, 넓은 허리, 넓게 살코기 부착이 좋은 어깨를 가진 것, 육질이 견고한 것

③ 어느 정도로 내층지방과 도체의 내벽전체 그리고 신장 주위에 적당한 지방이 둘러싸고 있는 것

④ A급과 같음. 불완전한 방혈의 증거를 갖고 있지 않는 것

⑤ A급과 같음. 이물이 혼입되지 않을 것

⑥ 골절, 고기의 생채기, 파괴나 변형이 없는 것

C급에 속하는 도체는 다음과 같다.

① 체구가 길고 야위어 있다. 약간 양호한 살코기 부착

② 어깨와 허리가 얇고 협소하다. 육질은 유연하고 견고성이 떨어진다.

③ 외층지방이 극히 미량하다.

④ 결합조직내 출혈에 의해 고기가 적색화의 존재를 나타내는 증거가 있다.

⑤ 이물을 붙어있지 않을 것

⑥ 경미한 생채기, 파손과 변형이 인증된다. 한 개소 이상의 골절이 있고, 도체의 극히 일부가 강한 타박에 의한 손상을 받았음. 생채기에 의해 육의 변색부분에 응혈은 없을 것

제 2 절 모피가공

1. 예비작업

모피가공의 방법에 관계없이 모피를 적절하게 사전 준비하는 것이 중요하다. 사전준비 작업으로는 유연하고 부드럽게 유지하며, 가죽에 붙어 있는 지방과 고기를 제거하고 그리고 기름 닦아내는 것이다. 배의 정중앙선을 절개하여 평판자 위에 늘려 놓고 무딘 칼을 이용하여 지방과 살을 제거한다. 가공을 잘 하기 위해서 모든 기름을 완전하게 제거하는 것이 필수적이다. 마지막으로 남은 지방을 제거하기 위해 지방 제거 세제를 사용한다.

건조된 모피는 부드럽게 하기 위해 약 1~3시간 동안 여러 번 물을 교환하면서 불린다. 유연하게 하기 위해 보락스(borax) 또는 중탄산염 소다(bicarbonate of soda 물 4ℓ 당 약 30cc)를 그리고 남은 지방을 제거하기 위해 약간의 비누와 세제도 첨가한다.

2. Salt-Alum tanning(무두질)

다음과 같이 용액을 준비한다(토끼모피 3~4장 사용 분량).

① 물 4ℓ 에 500g의 ammonium aluminum sulfate 또는 potassium aluminium sulfate 녹인다.

② 물 2ℓ 에 120g의 sodium carbonate와 240g의 소금을 녹인다.

③ 강하게 저어면서 alum 용액에 소다 염 용액을 첨가한다.

④ 옮은 반죽을 만들기 위해 혼합액에 밀가루를 혼합한다. 처음에 덩어리를 생기는 것을 막기 위해 밀가루에 약간의 물을 첨가하여 혼합한다.

앞에서 설명한 것 같이 사전 준비된 모피에 만들어진 반죽을 1/8인치 두께로 바르고 종이나 천으로 가볍게 덮는다. 그리고 24시간 지난 뒤에 반죽을 제거하고 두 번째 다시 바른다. 세 번째 처리는 가죽을 두껍게 하기 위해 필요하며, 마지막 코팅은 3~4일 동안 두어야 한다.

반죽을 제거하고 보락스 또는 소다 용액에 모피를 세척한다. 여분의 물을 쥐어

짜지 않고 제거한다. 깨끗한 물로 헹구고 완전히 탈수한다. 늘키고 그리고 거의 건조했을 때 책상의 가장자리에서 마치 천으로 구두를 광택내는 것과 같이 모피를 문질러고 당기는 작업을 한다. 완성된 모피가 부드럽기 위해서는 반드시 모피의 늘리기와 이 작업이 필요하다. 만약 가죽이 거칠다면 거칠은 샌드페퍼로 처리한다. 그리고 neat's foot oil, 글리세린이나 다른 피혁 연화제를 가볍게 발라주는 것은 유연성을 개선시켜준다.

3. Salt-Acid tanning(무두질)

다음과 같이 용액을 준비한다(토끼모피 3~4장 사용 분량).

① 물 4kg에 식염 500g을 녹인다.

② 식염 용액에 15g의 농축 황산을 조심스럽게 첨가한다(주의: 황산은 매우 부식성이 높기 때문에 주의해서 처리해야 한다. 피부나 옷에 접촉이 되지 않도록 한다. 용액을 담는 용기는 금속성인 것을 사용하지 말 것. 식염 용액에 산을 첨가할 때 일정하게 저어면서 천천히 붓는다. 만약에 산이나 혼합액이 피부에 접촉이 되면 즉시 중탄산소다로 세척하여야 한다).

③ 산을 첨가할 때 열이 발생한다 : 용액은 식힌 후에 사용한다.

사전 처리된 모피를 salt-acid 용액에 충분히 잠기도록 넣고 주기적으로 저어면서 1~3일간 둔다. 무두질이 끝나면 무두질 통에서 모피를 꺼내 맑은 물로 씻는다. 두 번째로 보락스나 소다액으로 세척하고 다시 맑은 물로 세척한다. 물을 완전히 제거하고 salt-alum방법에서 한 것과 같이 해서 모피를 완성시킨다.

제 13 장 토끼고기와 요리

제 1 절 토끼고기의 영양학적 특성

토끼고기는 고단백, 저지방이다. 포화지방산과 콜레스테롤, 염분의 함량이 낮은 고영양식이므로 심장질환 환자, 노인, 저 염식이 필요한 사람, 체중감소를 원하는 사람들을 위한 특별식(special diet)에 적합하다.

Rao(1979) 등은 토끼고기의 조성에 대한 광범위한 자료를 제공하였다.

표 13-1의 수치는 사람의 영양에 매우 중요한 수치로 토끼의 앞다리, 갈비, 등심, 뒷다리의 주요 4부위에 함유된 영양소들의 평균을 나타낸 것이다.

표 13-1. 토끼고기의 영양소 조성

영 양 소	함 량	영 양 소	함 량
조단백(%)	18.5	무기질류	
지 방(%)	7.4	아연(mg/kg)	54
수 분(%)	71	나트륨(mg/kg)	393
회 분(%)	0.64	칼륨(g/kg)	2
불포화지방산(%)	136	칼슘(mg/kg)	130
콜레스테롤(mg/100g)		마그네슘(mg/kg)	145
		철(mg/kg)	29
비타민류		아미노산류	
V. B_1(mg/100g)	0.11	로이신	8.6
V. B_2(mg/100g)	0.37	리신	8.7
나이아신 V. B_1(mg/100g)	21.2	히스티딘	2.4
V. B_6(mg/100g)	0.27	알기닌	4.8
판토텐산(mg/kg)	0.10	트레오닌	5.1
V. B_{12}(μg/kg)	14.9	발린	4.6
엽 산(μg/kg)	40.6	메티오닌	2.6
비오틴(μg/kg)	2.8	이솔로이신	4.0
		페닐알라닌	3.2

제 2 절 토끼고기 조리법

대개 8～10주된 토끼는 튀기는 요리에 적합하고 broiler chicken처럼 요리할 수도 있다. 사실 토끼는 닭고기 요리를 대체하기에 적합하다. 스튜(stew, 약한 불로 끓이는 것)는 6파운드 이상 되는 늙은 것으로 뚜껑을 덮고 더 오래 그리고 천천히 요리해야 한다.

토끼고기의 판매율을 높이기 위해서는 판매촉진을 위한 활동이 필요하다. 예를 들면 바비큐를 들 수 있는데 토끼 바비큐는 특히 맛이 있다. 야외에서의 바비큐를 널리 대중화시켜 강조함으로써 광범위한 시장점유율을 가질 수 있다. 도시나 지방의 시장에서, 그리고 시민 행사와 같은 곳에서 토끼 바비큐를 제공하는 판매촉진 활동은 토끼고기를 소비자에게 소개한다는 의미로 토끼 사육에 관여하는 단체나 협회에서 심사숙고해야 한다.

1. Rabbit in Barbecue Sauce(6인분)

손질한 토끼 1마리(약 3파운드), 먹기 좋은 크기로 자른 것
조리용 지방 혹은 기름 3큰술, 밀가루, 소금, 후추
바비큐 소스(레시피 참조)

밀가루, 소금, 후추의 혼합물을 토끼고기에 바른다. 지방을 달군 다음 중불에서 약 20분간 고기를 갈색으로 지진다. 소스를 토끼 고기 위에 붓고 뚜껑을 덮는다. 163℃(325°F)에서 약 45분간 혹은 고기가 부드러워 질 때 까지 뚜껑을 벗기고 broiler 아래에 넣어서 15분간, 혹은 고기가 갈색이 될 때 까지 굽는다.

〈Barbecue Sauce〉

황설탕 2 큰술, 우스터소스 2 큰술, 파프리카 1큰술, 토마토소스 1컵, 소금 1 작은 술, 칠리소스 혹은 케첩 1/4컵, 겨자가루 1 작은 술, 식초 1/4컵, 칠리가루 1/4 작은 술, 다진 양파 1/2컵, 카이엔 페퍼 약간

모든 재료를 합한 후 약한 불에서 15분간 조리한다.

2. Lemon Barbecued Rabbit

토끼 1마리(먹기 좋은 고기로 잘라 놓은 것), 후추 1/4 작은 술, 레몬소스(레시피 참조), 버터 1/3컵, 밀가루 3/4컵, 2 작은 술, 향신료 1 작은 술, 소금 2 작은 술, 설탕 2 큰술

토끼고기를 2시간 동안 레몬 소스에 재었다가 고기를 꺼내어 살짝 건조 시킨다. 밀가루 3/4컵과 소금, 후추를 섞어서 토끼고기에 바른 다음 버터에 갈색이 잘 나게 지진다. 레몬 소스와 향신료를 섞은 다음 토끼고기 위에 끼얹는다. 뚜껑을 덮고 약한 불에서 45분 이상, 또는 고기가 부드러워 질 때까지 조리한다.

고기를 꺼내어 뜨거운 접시에 옮긴다. 약간의 찬물에 밀가루 2 작은 술을 섞고 설탕을 첨가한 다음 소스를 만들어 고기 위에 뿌린다.

〈Lemon Sauce〉

마늘 1개, 물 3/4컵, 소금 2½ 작은 술, 곱게 다진 양파 1/4컵, 샐러드 오일 1/3컵 검은 후추 1 작은 술, 레몬주스 1/2컵, 타임 가루 1 작은 술

마늘을 소금과 함께 으깬 다음 나머지 재료를 섞어 하룻밤 재운다.

주의 : 이 소스는 레몬향이 매우 강하므로 향을 더 부드럽게 하려면 레몬주스를 1/4컵으로 줄인다.

3. 토끼고기 찜

토끼고기 600g, 다진 생강 큰술 1, 다진 마늘 큰술 2, 술(청주), 식용우 큰술 3, 국간장 큰술 3, 파, 풋고추, 후춧가루, 조미료- 약간, 감자 또는 무우 300g

칼집을 내어 놓은 썰은 고기에 생강, 마늘, 술을 혼합하여 약 30분간 재워 놓는다.

무우나 감자를 먹기 좋을 정도로 큼직 큼직하게 썰어 놓는다.

찜 냄비에 식용유를 붓고 기름이 가열된 후 토기고기를 넣어 아래쪽이 노랗게 익으면 뒤집어 익힌다.

앞뒤가 다 익으면 썰어놓은 무우나 감자를 넣고 물을 조금 부어 간을 맞춘 후에 다시 익힌다.

무우나 감자가 다 익으면 풋고추 등을 넣고 후춧가루와 조미료를 넣어 다시 한번 끓인다.

4. 토끼고기 튀김

토끼고기 600g, 다진 생강 1 큰술, 다진 마늘 1 큰술, 술 3 큰술, 녹말가루 1컵, 빵가루 1컵, 다진 파 2 큰술, 고운 소금 약간, 조미료 후춧가루 약간, 식용유 1병

고기는 뼈의 관절을 잘라서 각을 뜬다.

고기에 칼집을 여러 군데 내어 양념이 잘 베도록 한다.

생강, 마늘, 후춧가루, 술, 파, 조미료를 한데 섞어서 양념을 만든다.

칼집을 내어 토막을 내놓은 고기에 고운 소금을 약간 뿌리고 양념을 골고루 발라준다.

양념을 바른 고기토막을 찜통에 재워놓고 증기로 찐다.

녹말가루를 물 2/3컵에 풀어 놓는다.

다 익은 고기를 꺼내어 녹말 물에 담겼다 꺼내어 빵가루를 묻힌다.

후라이팬의 식용유가 끓기 시작하면 튀겨낸다.

5. 토끼고기 전골

토끼고기 300g, 생강즙 2 큰술, 술 2 큰술, 배추 1/4통, 계란 2개, 파 2뿌리 옥파 2개, 당근 1개, 우엉 1뿌리, 두부 1모, 군두부 1모, 곤약꾸 1/3모, 콩기름 큰술 3, 당면 20g, 심금치, 쑥갓, 설탕, 간장, 조미료, 생선묵 1개

먼저 큰 접시에 깨끗이 손질한 토끼고기를 얇게 썰어놓고 생강즙과 술을 뿌려 놓는다.

모든 야채를 썰어 고기 한 옆에 보기 좋게 담아 놓는다.

두부, 군두부, 곤약꾸는 사각형으로 썰어서 색깔을 맞추어 접시에 담고 시금치는 끓는 물에 살짝 데쳐 냉수에 헹구어 쑥갓과 함께 곁들인다.

전골 냄비를 불에 얹어 냄비가 닳거든 콩기름을 넣고 고기, 파를 넣어 설탕, 간장을 친 다음 준비한 모든 재료를 함께 넣어 오래도록 끓여가면서 먹는다.

당면은 전골국물이 생겼을 때 넣도록 한다. 생 달걀은 별도 그릇에 담아낸다.

6. 토끼 불고기

토끼고기 600g, 고추장(고추가루) 1 큰술(2 큰술), 생강즙, 간장, 참기름 각 1 큰술, 마늘 깨소금 조미료

토끼고기를 얇게 저며 생강즙과 술에 재운다.

마늘, 파는 곱게 다져 양념고추장을 만들어 재운 토끼고기에 무치면서 정종 혹은 탁주를 잘 썩은 후 맨 나중에 참기름을 치고 석쇠에 구워낸다(철판에 구울 때는 지방질이 적으므로 기름을 많이 넣는다).

7. 토끼고기 백숙

토끼고기 600g, 생강 1쪽, 마늘 2/1통, 술 2 큰술, 파 2뿌리, 오이 3개, 소금 후추

토끼고기를 깻끗이 물에 행구어 큼직하게 토막을 쳐 술과 생강즙을 뿌려 놓는다.

냄비에 물을 넉넉히 붓고, 고기를 넣어 파, 마늘과 함께 넣어 푹 고운 다음 소금 후추를 쳐서 간을 한다.

참 고 문 헌

1. Beatty, R.A.(1960) Fertility of mixed semen from different rabbits. J. Reprod. Fet. 1 : 52~60
2. Chen Y, Li J. Simkin ME, Yang X. Foote R.H.(1989) Fertility of fresh and frozen semen inseminated at different times is indicative of male differences in capacitation time. Biol. Reprod. 41 : 848~853
3. Chen Y, Li J. Yang X. Foote R.H.(1989) Timed breeding of rabbits with fresh and frozen-thawed semen and evidence of acrosome alteration following freezing and thawing. Anim. Reprod. Sci. 18 : 35~41
4. Dalimata A.M. and Graham, J.K.(1997) Cryopreservation of rabbit spermatozoa using acetamide in combination with trehalose and methyl cellulose. Theriogenology, 48 : 831~841
5. Doggett, V.C., and Ett. J.C.(1958) Libido and relationship to periodicity in the fecundity of male rabbits. Fed. Proc., 7. Fed. Amer. Soc. Exp. Biol. 17 : 36ed. 113 : 853~856
6. Hafez. E.S.E.(1960) Sex drive in rabbits. Southwest. Vet., 14 : 46~49.
7. Hamilton, C.E.(1951) Evidences of cyclic reproductive phenomena in the rabbit. Anat. Rec. 110 : 557~571
8. Hanada A and Nagase H(1980) Cryoprotective effects of some amides on rabbit spermatozoa. J. Reprod. Fertil. 60 : 247~252
9. Marcus G.E. Shum F.T.F. S.L. Goldman(1990) A evice for collecting milk from rabbits. Lab. Anim. Sci., 40 : 219~221
10. Maxwell W.M.C. and Johnson L.A.(1997) Membrane status of boar spermatoza after cooling or cryopreservation. Theriogenology 48 : 209~219
11. Meyers, K. and Poole, W.E.(1962) Sexual behavior cycles in the wild rabbit Orytolagus cuniculus(L). CSIRO Wildl. Res 3 : 144~145
12. M.E. Ensminger, W.W. Heinemann, 사료와 영양, 한국영양학회편-하, 선진문화사. 1994
13. Mississippi State University Extetion Service, Slaughtering and Dressing Rabbits, 2007

14. Oloufa. M.M. Bogart. R. and Mckenzie, F.F.(1951) Effect of nvironmental temperatures and the thyroid gland on fertility in the male rabbit. Fert. Steril. 2 : 223~228
15. O'Shea T and Wales R.G.(1969) Further studies of deep freezing of rabbit spermatozoa in recostituted skim milk powder. Aust. J. Biol. Sci 22 : 709~719
16. Peter R. Cheeke, Nephi, M. Patton, George S. Templeton, Rabbit Production 5th Edition, The Interstate printers & publishers, INC. 1982
17. Phillips, J.J., Bramwell, R.K. and Graham, J.K.(1996) Cryopreservation of rooster sperm using methyl cellulose. Poult. Sci., 75 : 915~923
18. R. Barone C. Pavaux, P.C. Blin P. Cuq, 兎の 解剖圖譜, 學窓社, 1973
19. Roa. D.R., et al(1979) Nutritive value of rabbit meat, The domestic rabbit : Potentials problems and current research(Oregon state university rabbit research center) 53~59
20. Roy, A.J. and Djerassi I(1965) Prevention of freezing injury by simultaneous use of agents with different modes of action. Cryobiology Suppl. 1 : 20
21. Sawanda Y. Chang MC(1964) Motility and fertilizing capacity of rabbit spermatozoa after freezing in a medium containing dimetylsulfoxoid. Fertil. Steril. 15 : 222~229
22. Schmehl, M.K., Vazquez, I.A. and Graham, E.F.(1986) The effects of nonpenetrating cryoprotectants added to test-yolk glycerol extender on the post-thaw motility of ram spermatozoa. Cryobiology, 23 : 512~517
23. Thacker, E.J. and Brandt, C.S.(1955) Coprophagy in the rabbit. J. Nutr. 55 : 375~385
24. Weisbroth, Flatt and Kraus, 實驗用 ウサギの 生物學, - 繁殖, 疾病 と 飼育管理- 文永堂
25. Wikipedia, List of Rabbit breeds, The free encyclopedia, 2007
26. Zarow, M.X., Denenberg, V.H., and Anderson, C.O.(1965) Rabbit : Frequency of suckling in the pup. Science 150 : 1835~1836
27. 이용빈, 박영일, 中小家畜學, 선진문화사, 1999
28. 박승용외 축산물의 가공(식육이론과 처리기술), 유한문화사, 2000
29. 정진관외, 한국의 축산-11장 특수가축, 농림부, 축협중앙회, 세계축산학회, 1998
30. 한국양토협동조합, 한국양토 제10호, 1986
31. 한국양토양록농협 경영컨설팅 최종보고서, RANET(주) 지역농업네트워크

32. 김휘율, 한국의 토끼농장에서 다발하는 피부질환의 주요 원인에 대한 평가, 한국양토양록농협, 2008
33. 박항균, 한국축산발달사-제11장 양토, 사단법인 한국낙농육우협회, 1998
34. 천진기, 한국문화에 나타난 토끼의 상징성 연구, 국립민속박물관 제35회 학술발표회, 1998
35. 서경덕, 강면희, 육성토에 있어서 식염의 요구량에 관한 시험, 한국축산학회지 17권 5호, 1975
36. 서경덕, 서길웅, 토끼의 조섬유 이용에 관한 연구, 연암축산전문대학 논문집, 1980
37. 서길웅, 서경덕, 가토의 임신기간에 따른 혈액상 및 혈청 성분의 변화에 관한 연구
38. 서경덕, 김광식, SPF 토끼 생산을 위한 정액의 동결에 관한 연구, Ⅰ. 냉각속도와 당류의 첨가가 정자의생존율과 첨체변화에 미치는 영향, Korean J. Lab. Anim. Sci. 16(2), 2000
39. 서경덕, 김광식, 토끼의 착유기와 착유방법의 고안, Korean J. Lab. Anim. Sci. 17(2), 2001
40. 서경덕, 한창수, 김광식, 특정 병원균 부재 토끼의 작출, Korean J. Lab. Anim. Sci. 17(2), 2001
41. 서경덕, 김광식, 심금섭, SPF 토끼(Yac : NZW)의 나이, 동복자수 및 성별이 어린 토끼의 발육에 미치는 영향, Korean J. Lab. Anim. Sci. 18(2), 2002
42. 서경덕, 김광식, 심금섭, SPF 토끼 수정란의 동결보존, Korean J. Lab. Anim. Sci. 19(2), 2003
43. 황현철, 질병예방을 위한 관리요점 및 임상증상에 따른 감별진단법, 한국양토
44. 大成 清, 兎 の 飼養と 飼料, 畜産の 研究 제49권 5호, 1995

- 찾아보기 -

(가)

(나)

(다)

(라)

(마)

(바)

(사)

(아)

(자)

(차)

(카)

(타)

(파)

(하)

- INDEX -

저자 소개

성　　명 : 서 경덕 (徐敬德, Kyoung-Deok Seo)

현 주 소 : 경기도 안성시 공도읍 진사리 50-1
(Tel. 031-655-6042)

〈학　　력〉

1982년 3월 - 1987년 2월 중앙대학교 축산학과 농학박사
1973년 3월 - 1975년 2월 고려대학교 축산학과 농학석사
1969년 3월 - 1973년 2월 고려대학교 축산학과 농학사

〈경　　력〉

2008. 3 - 현 재　국립 한경대학교 생명환경 · 정보통신전문대학원 겸임교수
2007. 3 - 현 재　서해영농조합법인 회장
2003. 3 - 2007. 2 천안연암대학 학장
1998. 3 - 1999. 2 연암축산원예대학 축산학과장
1992. 9 - 1996. 2 연암축산원예대학 실습농장 농장장
1992. 2 - 1992. 8 네덜란드 IVO-DLO. 연구교수
1978. 3 - 2003. 2 연암축산원예대학 축산과교수

〈사회활동〉

2008. 10 - 현 재 평택희망농업포럼 감사
2008. 03 - 현 재 평택사회복지협의회 이사
2007. 11 - 현 재 한국반려(애완)동물학회 회장
2003. 11 - 현 재 한국양토양록조합 사외이사
1991 - 현 재　한국수정란이식학회 이사
1986 - 현 재　한국실험동물학회 평의원
1978 - 현 재　Reproductive & Developmental Biology 이사
1975 - 현 재　한국동물자원과학회 평의원

〈저　　서〉

家畜繁殖學 實驗 (共著) 1979. 先進文化社
毛皮家畜學(共著) 1989. 先進文化社

飼料와 榮養(共譯) 1994. 先進文化社
新 家畜繁殖學(共著) 1996. 先進文化社
家畜繁殖學辭典(共著) 1996. 新光出版社
畜産用語辭典(共著) 1998. 新光綜合出版印刷社
韓國의 畜産 - 特殊家畜. 1998. 新光綜合出版印刷社
동물번식학(공저) 2003. 선진문화사
동물인공수정과 수정란이식(공저) 2005. 선진문화사
소의 최신번식기술(공저) 2005. 월드사이언스

토끼 사육 백과

2009년 1월 10일 초판 1쇄 발행 **값 25,000원**

저 자 **서 경 덕**
발 행 자 **양 희 돌**

경기도 고양시 일산서구 덕이동 408-4
發行處 **先 進 文 化 社**
〈등록 제410-2005-000040호〉
ISBN 978-89-7392-255-0 92520

불법복사 엄벌함. ☎(031)925-8237 · 8238, FAX 925-8239